外国人だけが知っている美しい日本

スイス人の私が愛する人と街と自然

ステファン・シャウエッカー

大和書房

はじめに

私は日本を世界に紹介する英語サイト、「ジャパンガイド」（japan-guide.com）を運営しているスイス人です。

今でこそ毎月約二〇〇万人のユーザーが訪れ、最大一〇〇〇万ページビューを記録するサイトに成長しましたが、一九九六年に最初のページを作り上げたときには、ほんの趣味程度のサイトに過ぎませんでした。

私自身も、今は日本人の妻と日本で暮らし、国土交通省の「ＶＩＳＩＴ　ＪＡＰＡＮ大使」に任命され、友人からは「前世は、きっと日本人だよね」と言われるほど日本を愛していますが、実は二〇歳になるまで、日本人に会ったこともなかったのです。

この本は、そんな私が日本のどこに、どう惹かれたのか、私の「日本愛」を綴ったものです。

「ジャパンガイド」は、日本への旅行を考えている、あるいは日本に興味を持っている海外の人々に、日本全国の観光情報を提供するサイトです。ガイドブックのウェブ版だとお考えください。

ありのままの日本の姿を紹介するために、私は必ず現地へ足を運び、「海外からの観光客」の目で観光地を観察してきました。おかげで数年前には全国四七都道府県訪問を達成し、これまで訪れた場所は一〇〇〇カ所を超えました。今でも一年のうちのベ二カ月は日本中を旅して、有名無名の観光地を訪ね歩いています。

現在「ジャパンガイド」は株式会社となり、私以外に三名の外国人スタッフがいます。「ジャパンガイド」に掲載する情報は、すべて私たちが目で見て、感じて、確認した情報です。またサイト内のフォーラムには、日本への旅を企画している人や既に日本の旅を経験した人々から、日々大量の質問やコメントが送られてきます。

そうやって多くの情報に接していると、「日本人の気付かない日本の魅力」が見えてきます。この本では、日本人があまり気に留めていない、けれど私たち外国人から見ると非常に魅力的に感じられる土地や慣習、文化などについてもお話ししたいと思います。最後には、日本を愛するがゆえの提案のようなものまで書かせていただきました。

何かひとつでも、読者の皆さんの参考となれば幸いです。

一点だけ、おことわりしておきたいことがあります。

私は「ジャパンガイド」で日本を紹介する際に、常にニュートラルな立場で客観的に書くよう努めています。そもそもこのサイトを始めたのも、海外でステレオタイプな日本の紹介があまりにも多いことに憤りを感じたからです。

ですから本書でも、「日本人は」「外国人は」というおおざっぱすぎるまとめ方は、極力避けたつもりです。「外国人観光客」とひとくちに言っても、国籍も年齢も興味も千差万別ですから、まとめることなど不可能です。

それでもわかりやすさを優先して、おおぐくりな記述になっている部分があります。

たとえば「外国人の評価が高い」と書いている場合は、「ジャパンガイド」が常時行っている、実際にその観光地を訪問したユーザーの満足度調査の結果や、サイトに寄せられるコメント内容を踏まえています。しかしその背後には、まったく違った感想を持つ外国人が数多くいるのも事実です。ここに書かれているのは、結局私というフィルターを通して見た日本であり、数ある意見の中のひとつであることをご承知おきいただければと思います。

なお、私は日本語での日常会話はできますが、本を書くほどの日本語力は持っておりません。この本は、長年の友人であり旅仲間でもあるライターのS氏に、私が語った内容をまとめてもらう形で作りました。

ではどうぞ、あなたの知らない日本に出合ってください。
日本は、本当に素晴らしい国なのです。

ステファン・シャウエッカー

外国人だけが知っている美しい日本

目次

第1章
私が日本と恋に落ちた日
どうしようもなく心惹かれる国、日本

第2章 人を訪ねる
世界に誇れる「おもてなし」の価値

第3章

歴史を訪ねる
心惹かれる街、建物、そして自然

◆——自国にない日本ならではの建築物は、旅の大きな目的

◆——日本人が知らない「日本の名所」を訪ねる

スピリチュアルな体験で感じる、日本らしさ

歌舞伎、相撲。私が愛する日本のエンターテインメント

第4章

四季を訪ねる

桜、紅葉、祭り 自然に寄り添う暮らしの魅力

第5章

土地を訪ねる

食、温泉、鉄道 日本を旅する極上の愉悦

◆──温泉の魅力は奥深い。その温泉があるから、そこへ行く

◆鉄道に揺られる時間も、大切な旅のひととき

◆自転車で、もっと日本を走りたい！

第6章

震災後の日本を世界に伝える

今、私にできること

第7章

「これから」を訪ねる

「もっと素晴らしい日本」へ

◆──「行ってみたい街」をどう生み出し、守り、育てるか

第1章

私が日本と恋に落ちた日

どうしようもなく心惹かれる国、日本

カナダ留学で、初めて出会った日本人を好きになる

スイスにいた頃は、サムライすら知らなかった

スイスという国には、日本とよく似た特徴があります。

日本は周囲を海で囲まれた島国です。スイスは国の南側にアルプスという巨大な砦がそびえており、国土の半分以上が山岳地帯です。地形的な面よりも、むしろ政治的に「スイスは島国」だと言うのが正確かもしれません。ドイツ・フランス・イタリア・オーストリアと強国に囲まれた永世中立国であるスイスは、昔からそこだけ地図の色が違っていました。かつては「我が道を行く」という考え方がとても強い国でしたが、最近はずいぶんと柔軟になりました。それでも今もEUには加盟せず、同じヨーロッパといっても他国とは少し違った性格を持っています。

国民性は、真面目で勤勉。時計に代表されるように精密な作業が得意で、時間に正確です。またスイスは日本と並ぶ世界的な鉄道王国で、国中に路線が張り巡らされています。

ただし国土面積は約四万一〇〇〇平方キロメートルで、九州とほぼ同じくらい。人口は八〇〇万人ほどです。ちなみにスイスの公用語はドイツ語、フランス語、イタリア語、ロマンシュ語で、国民のおよそ三分の二がドイツ語を話します。私も、母語はドイツ語です。

私は弁護士の父と、小学校教師だった母の長男として生まれました。両親が旅好きだったので、子どもの頃からヨーロッパ各地へよく連れて行ってもらいました。父の親友家族が移住していたカナダやアメリカへも旅をしました。高校生になってからは、友人たちと長期のヨーロッパ旅行にも出かけています。

けれど、なぜか日本人に会った記憶がありません。おそらく都市で何度もすれ違っていたはずなのですが。ですから当時の私の中には、「首からカメラを提げている、とても真面目な人たちの国」といったステレオタイプなイメージしかありませんでした。ニンジャは知っていたものの、実はサムライがいたことすら知らなかったのです。

まさかと思うかもしれませんが、世界中の人々は驚くほど他国のことを知りませんし、びっくりするほど誤解しているものです。しかしこの誤解が、私の人生を導いていくことになるのですから、面白いものです。

ジーパンに長髪の日本人がいると知った驚き

私が初めて日本人と出会ったのは、カナダの英語学校に留学した一九九四年、二〇歳のときです。

クラスには多くの日本人がいました。最初に感じたのは、「日本人も、ヨーロッパ人と同じなんだ！」という驚きです。今思うと恥ずかしいくらいですが、当時の私は「自分と同世代の日本人＝真面目な学生で、髪は黒くて短く、厳しい学校に通っている」という固定観念を持っていたのです。ですから彼らがジーパンに長髪という、ヨーロッパの若者と変わらないファッションであることに、私は小さな衝撃を受けました。日本人は、自分とはまったく違った生活習慣や考え方を持った国民だと信じ込んでいた、いや、もっと正直に言うなら、日本や日本人についての正確な知識を、私はまったく持っていなかったのです。

クラスメイトとして過ごすうちに、私は日本人がとても礼儀正しくて優しい人たちであることを知りました。クラスには世界中から生徒が集まっており、たとえばメキシコ人はとても陽気で、いつも大きな声でしゃべっていました。人見知りで自己主張が得意でない私には、常におだやかで真面目な日本人と一緒にいることが、とても心地よく感じられました。

彼らと話をしているうちに、私はどんどん日本人が好きになり、そして日本という国に興味を持つようになっていったのです。

英語学校で、未来の妻と出会う

私が最初に友達になった日本人は、同じクラスのサトシ君でした。

お互いにまだ英語を学んでいる途中でしたが、彼とはよく話をしました。昼休みには、近所の店でお菓子を買ったり、宝くじを買ったり。特別な何かをしなくても、彼と過ごす時間は、とても楽しかったのです。

トモヤ君という友達もできました。

ある日、クラスで演劇の授業があり、英語を使って簡単なお芝居をすることになりました。

そのとき、普段は私以上に口数の少ないトモヤ君が、急にハリウッドのアクションスターのように演技を始めたのにはびっくりしました。彼は以前から「ぼくは映画監督志望なんだ」と話していたのです。それにしても驚くほどの演技ぶりで、私は静かでおとなしいだけではない日本人に、ますます興味を感じたのです。

その後、トモヤ君とは音信が途絶えてしまいましたが、サトシ君とは今でも家族ぐるみでのお付き合いが続いています。つい最近も松本市に住む彼を訪ね、一緒にサッカーの試合を観戦しました。いつかトモヤ君とも会えたらうれしいのにと、今でも再会を待ち望んでいます。

思えばカナダの英語学校は、私の人生を決定する出会いに満ちていました。日本人と出会っただけでなく、日本人の友人ができて、次に行った学校では未来の妻とも出会えたのですから。

言うまでもなく、彼女から受けた影響はとても大きなものでした。彼女と出会ったことで、私の日本と日本人に対する興味は、さらに大きなものとなったのです。

来日、そして日本を海外に紹介するサイトの開設へ

初めての日本訪問で山手線の正確さに驚く

友人たちといろいろな話をしているうちに、私はどうしても日本へ行ってみたくてたまらなくなりました。そこで既に日本に帰国していた元クラスメイトのつてをたどって、一九九五年秋に日本へと旅立ったのです。

初めての日本は、まさにエキサイティングでした。

私にとって初のアジア圏への旅だったこともあり、すべてが新鮮で、エキゾチックで、楽しくて楽しくてしかたありませんでした。パチンコ店の派手な電飾や音、渋谷のスクランブル交差点、見るものすべてに感動していました。

中でも驚いたのは、山手線でした。あんなに長い車輛が渋谷駅や新宿駅にすごいスピードで

入ってきて、ホームに描かれた停車位置にぴたりと止まります。スイスはもちろん、どの国でも見たことがない正確さで、私はまたひとつ日本人のすごさに感心させられました。

海外の列車の停車位置は、多くの国でかなりいい加減です。日本の皆さんには当たり前のことかもしれませんが、あの正確な停車は、簡単にはできないことなのです。

二週間の滞在期間中に、外国人観光客にとって「ゴールデンルート」のひとつである東京〜京都〜奈良〜日光〜鎌倉を旅行しました。その頃は、まだ日本に関する知識も少なかったですし、旅行自体も駆け足でしたので、それぞれの都市を味わい尽くすまではいきませんでしたが、とにかく何もかもが楽しかったです。

ただ一カ所、阪神淡路大震災からまだ間もない神戸を訪問したときは、胸が痛みました。高速道路が寸断され、観光名所のポートタワー付近にもほとんど人がおらず、街全体が重い雰囲気に覆われていました。これも私にとって非常に貴重な経験であったと感じています。

二週間は、あっという間に過ぎました。もっと日本を知りたい、勉強したいという心残りを抱えながら、すぐにカナダへ帰る日がやってきてしまいました。

カナダのアパートの一室で、「ジャパンガイド」が生まれた

翌年の一九九六年春、私は渋谷にあった外国人向け日本語学校に、一カ月間留学しました。

それが私の二度目の日本体験です。

このときも、学校に通う前の二週間は、日本国内を旅行する計画を立てました。前回は行けなかった長崎、広島を訪ね、京都では初めて民宿に泊まる体験をしました。気になっていた神戸も再訪しました。短期間で驚くほど復興した街を見て、ホッとしたものです。

帰国後の八月、私はカナダのアパートで、日本を紹介するホームページをコツコツと作り始めました。今に至る「ジャパンガイド」の誕生です。

私は子どもの頃から「自分の放送局を作りたい」と思っていました。家にあったカセットタイプの八ミリビデオでニュース番組のようなものを撮影して、一〇〇メートルほど離れたところに住んでいる幼なじみの友人の家に放送できないかと考えていました。結局そんなことはで

■現在の「ジャパンガイド」のトップページ。

きなかったのですが、一九九五年に初めてインターネットというものに接したとき、大げさでなく衝撃を受けました。そして「これは昔、ぼくらがやりたかった放送局と同じではないか？」と興奮したものです。

スイスの新聞をカナダで読もうとしたら二週間遅れで届く、そんな時代に、インターネットならリアルタイムで情報のやりとりができる！　信じられないことでした。

大学でコンピュータを学び、サイトの完成度が上がる

しばらくして幼なじみがホームページの作り方を教えてくれたとき、私はすぐに「日本を紹介するポータルサイトを作ろう」と決めました。最初に取り組んだのは、サイト全体の構造設計とコンテンツの企画です。文化、歴史、マナー、スポーツなど、紹介する枠組みを定めていきました。実はサイトの骨組みは、このときから現在までほとんど変わっていません。ただ観光情報の比重が高まったことで、多くの情報が観光にシフトする形になっていっただけです。

最初は日本料理の紹介やお辞儀の仕方、箸の持ち方、「正座」という日本独特の座り方など、文化や習慣に関する記述が中心でした。それでもコツコツ作り込んで、二〇〇ページくらいはあったと思います。

「ジャパンガイド」の開設と時を同じくして、私は大学でコンピュータサイエンスを学び始め

ました。当初からすべてのプログラミングを自分で行っていましたが、体系的な知識を身に付けることで、サイトの完成度は徐々に向上していきました。

私は、「こうしたサイトの運営をフルタイムの仕事にできたらうれしいのだが」と、漠然と考えるようになりました。しかし当時は、まだそんなことが個人の事業や仕事として成り立つような時代ではありませんでした。

二〇〇〇年に大学を卒業すると、私はカナダのＩＴ企業に就職しました。ところがわずか一年ほどでコンピュータバブルが崩壊。会社は大量のリストラを行い、私も退職することになってしまいました。

さて、どうやって生きていこうか。私はこれまで以上に真剣に考え始めました。

本当の日本を世界に発信するために、ついに日本へ移住

「ジャパンガイド」を本業にできるか？　模索が続く

私と妻は一九九八年に結婚しています。妻の里帰りに合わせて私も日本を訪れ、時間を作っては日本各地を旅行していました。

私自身は、以前から「日本に住んでみたい」という思いを持っていました。しかし旅をするならともかく、そこで暮らすとなると話はまったく違います。最大の問題は「仕事はどうするのか」ということでした。

リストラで無職状態になった私は、「ジャパンガイド」の充実に力を注ぎました。しかし、力を入れれば入れるほど、日本のナマの情報が欲しくなります。サイトをより充実させるには、日本で暮らすのがいちばんです。けれども日本での仕事のあてがない状態で、移住するわけに

はいきません。当時の私の日本語は、日常会話は問題ないものの、ビジネスシーンで使えるほどには自信がなく、コンピュータの仕事の経験も十分ではありませんでした。

そんな中途半端な状況を変えてくれたのは、ほかならぬ「ジャパンガイド」でした。二〇〇〇年代に入ってインターネットが加速度的に普及し、それに伴ってインターネット広告の仕組みも発達。「ジャパンガイド」も少しずつ広告収入をもたらしてくれるようになっていったのです。

この調子なら、もし日本に住んでさらに情報を充実させることができれば、「ジャパンガイド」を仕事にできるのではないか。そんな私の夢は、現実に近くなってきました。それでも、これはあくまでも夢でした。

妻と相談を重ね、私たちは日本への移住を検討するようになりました。いよいよ移住しようかという直前、日本の広告代理店で、今も大変お世話になっているエクスポート・ジャパン株式会社の高岡謙二社長からメールを受け取りました。そこには「ジャパンガイド」が持つポテンシャルへの期待と、日本企業にどんどん紹介させてほしいという心強い提案が書かれていました。

これは本当にありがたかったです。私は日本のビジネス界にまったくコネクションがありませんでしたし、正直、営業活動は苦手です。この時点では、楽観的な見通しはまったく持てませんでしたが、なんだか未来に少し光が差したような気がしました。

いよいよ日本へ移住。猛然と旅行をする

二〇〇三年一〇月、私たちは妻の実家のある群馬県藤岡市に移住しました。私は待ってましたとばかりに日本全国への旅を計画しました。しかし、そこには思わぬ問題がありました。

ＪＲは、外国人向けにジャパンレールパスというチケットを販売しています。二万九一一〇円で日本全国のＪＲが七日間乗り放題（二〇一四年四月一日現在）。一四日間と二一日間のパスもあります。「のぞみ」と「みずほ」以外の新幹線にも乗れるという優れもので、それまでの私は「海外からの旅行者」としてこれを利用することができました。しかし正式に日本へ移住した現在、このパスを使う資格がなくなってしまったのです。

さて、どうしよう。私は鉄道を中心とした日本の交通事情を調べて、「できるだけ安く目的地へ行く方法」を研究し始めました。

スイスは日本と並ぶ世界有数の鉄道王国で、私は子どもの頃から鉄道が大好きでした。安く行く方法や速く行く方法、効率良く複数の目的地を回る方法など、ルートを調べたり考えたりするのは、私にとって楽しみでもありました。

計画を立てると、私は連日のように、まだ行ったことのない地域へと向かいました。最後は

かなり疲れましたが、数週間で、沖縄を除く主要な観光地を回ることができました。

観光地へ行った印象やデータは、すぐに「ジャパンガイド」のサイトにアップしていきました。その結果、情報の少なかった観光ガイドのセクションは急速に充実していきました。アクセス数はサイト開設以来、順調に増えていましたが、観光情報が増えたことで広告が多く付くようになりました。その陰には、エクスポート・ジャパン社のサポートがあったことは言うまでもありません。

しかし、財政面は決して楽ではありませんでした。できる限り安いルートを選択しているとはいえ、旅にはどうしてもお金がかかります。

この頃、妻は家族から「彼はいったい何の仕事をしているの?」とよく聞かれたそうです。旅行に出かけたかと思うと家では一日中パソコンに向かっている私の職業が何なのか、不思議に思われたのも無理はありません。

「ビジット・ジャパン・キャンペーン」で、サイトが活性化

追い風が吹いてきたのは、国土交通省が中心となって二〇〇三年からスタートした「ビジット・ジャパン・キャンペーン」の効果が出てきてからです。二〇〇四年頃からはサイト全体が活性化して、私自身も「これならやっていけそうだ」という手応えを感じるようになりました。

特に二〇〇五年に開催された愛知万博のときは、とてもエキサイティングでした。「ジャパンガイド」が取材する初めての大きな国内イベントで、外国人旅行者から会場へのアクセスや観覧方法について次々と質問が寄せられました。私も予約方法や待ち時間を掲示するページを作成して、懸命にニーズに応えました。

ラッキーだったのは、「ジャパンガイド」をスタートした一九九六年頃はまだインターネットが若くて、他に似たようなサイトが少なかったことです。あるとしたら、政府や大学関係のサイトくらいでした。

その後、「ジャパンガイド」のようなサイトは山のように誕生しましたが、そんな中でなぜ「ジャパンガイド」は生き残れたのかというと、ひとつはこの時点ですでに一〇年近い歴史を持ち、他のサイトからリンクを張られる数が非常に多くなっていたからです。Ｇｏｏｇｌｅの検索システムでは、他サイトからのリンクが多いサイトほど、検索時に上位に表示されます。つまり英語圏の人々が検索キーワードとしてＪａｐａｎ／ｔｒａｖｅｌ／ｓｉｇｈｔｓｅｅｉｎｇ／ｇｕｉｄｅ／Ｔｏｋｙｏといった言葉を打ち込むと、常に「ジャパンガイド」が上位に表示されるのです。おかげで「ジャパンガイド」は、その名の通り、日本を紹介する代表的なサイトとして認知されるようになっていったのです。

根底にあるのは「ありのままの日本を紹介したい」という強い思い

もうひとつ、成功の大きな要因だと私が信じているのは、「ジャパンガイド」が常に「かたよりのない、本当の日本を伝えている」という点です。

私が日本に興味を持ち始めた頃、カナダで日本に関する本や記事を見つけては次々と目を通していました（もちろん英語で書かれたものです）。すると、そこに描かれている日本や日本人は、私が知っている英語学校の仲間たちとはかなり違っており、私は「おかしいな？」といつも感じていました。そして後に日本へ行ったとき、やはり本や記事が間違っていることがわかりました。

たとえばある記事には、「日本は閉鎖的な国で、外国人の入れないレストランがけっこうある」と書かれていました。ですから私は最初、とても緊張して日本に来ました。しかしそんな店は一軒もありませんでしたし、現在に至るまで私は出合ったことがありません。

あるいは「日本はルールに厳しく、人々は堅苦しい」というような記述がありました。確かに日本人はルールを守りますが、一人ひとりは堅苦しいわけではなく、とても気さくで話しやすいです。何よりあとでお話しする「おもてなし」の心には、感動すら覚えました。

その後も海外でたくさんの本や報道に接しましたが、一面的な見方に驚かされることが数多くありました。特に、東京で起こった特別な出来事やブームを、まるで日本全国で全国民がやっているかのように書いている記事が非常に多いのです。センセーショナルに書くのは報道の常かもしれませんが、私はそういう手法が嫌いで、自分はそんなページは作りたくないと思いました。

自分の手で「ありのままの、本当の日本」を紹介したい。その強い思いが、「ジャパンガイド」の根本にあります。大好きな日本を、偏見なしに、普通の国として、正しく紹介したい。そのために、情報は常に更新するよう心がけています。

たとえば観光地への交通手段は、金額や時刻まで、可能な限り具体的で正確な最新情報を伝えるようにしています。ここでは、私の「交通好き」が役に立っています。私は鉄道が好きなので、交通関係のニュースをいち早く摑み、伝えることは、楽しくてしかたないことなのです。好きなこと、楽しいことを仕事にするのは本当に重要だと、改めて実感します。

一方的に日本をほめ称えることもしません。それは「本当の日本」を伝えることにならないからです。有名だけど外国人があまり楽しめそうにない観光地や、訪問時に外国人が不便に感じるであろうことは、前もって正直に記載しています。「ジャパンガイド」には、実際に日本を観光した人々からの辛口のコメントや苦情もたくさん投稿されますので、取りつくろってもしかたないのです。

もちろんそうした投稿の中に誤解や間違いがあれば、きちんと訂正します。有名でなくても、私やスタッフが「ここは良い」と思った場所は積極的に紹介します。そうした積み重ねが、他のサイトにはない価値を生み出しているのではないかと自負しています。

二〇一四年四月現在、「ジャパンガイド」のサイトには、月間最大二〇〇万人以上が訪れ、一〇〇〇万以上のページビューを記録しています。登録会員数は八〇万人を超え、エクスポート・ジャパン社では「世界最大級」という宣伝文句を使っています。

それでも私は、まだまだこのサイトを良くしていかなければと思っています。まだ知られていない日本の良さを、もっと紹介したいのです。これは仕事というよりも、私の人生のテーマ、文字通りのライフワークだと感じています。

第2章

人を訪ねる

世界に誇れる「おもてなし」の価値

誰もが誠実で一所懸命な日本

日本でいちばん感激したのは、サービスの良さ

かつての私は、日本を旅するごとに日本に魅せられていました。日本に定住してからも、その思いはどんどん深まっています。そんな私が日本の魅力を挙げていったらキリがありません。

それでも私がトップに挙げたいのは、人の良さ、サービスの素晴らしさです。最近はあまりにも使われすぎていますが、「おもてなし」という言葉は、日本のホスピタリティを的確に表現する良い言葉だと思います。

もしかしたら、外国人が日本を訪れる際のいちばんの魅力は、お寺でも温泉でもなく、「おもてなし」かもしれません。それくらいに日本のサービスのレベルは高いです。常に細かいところまで気を配って、いつも笑顔で丁寧で、しかも「どうしたらもっと良くできるか」を考え

ている。私は世界中のサービスを知っているわけではありませんが、少なくともこれまで、日本と同じようなサービスを他国で経験したことはありません。

ドイツから日本に戻ってきたスーツケースの話

ひとつの例をお話しします。

数年前のクリスマスシーズンに、私たち夫婦は日本からスイスへ帰省しました。そのときヨーロッパが大寒波に襲われ、私たちはチューリヒ行きの飛行機に乗り継ぎする予定だったフランクフルトの空港で足止めされてしまいました。すべての航空会社の全フライトがキャンセルになり、空港は旅行客であふれかえり、騒然としていました。

私たちは飛行機をあきらめ、鉄道を使って陸路でチューリヒへ向かうことにしました。そこで、これから乗るはずだったヨーロッパ系航空会社のカウンターへ行き、預けたスーツケースをスイスの家に送ってもらう手続きをして、駅に向かいました。

深夜にチューリヒ駅に到着し、やっとの思いで家にたどりつきました。旅慣れている私も妻も、さすがにぐったりです。とりあえず日常のものは家族に借りました。

そして数日が過ぎましたが、まだスーツケースは届きません。日本で買ったクリスマスプレゼントはスーツケースの中です。私はフランクフルト空港や乗り継ぎ予定だった航空会社に、何度も電話しました。けれど、録音音声が流れるだけ。問い合わせが多すぎて、そのようにしてしまったのかもしれません。母も心配してチューリヒ空港に電話してくれましたが、それでも荷物の所在はわかりませんでした。

困り果てた私たちは、成田からフランクフルトまで乗ってきた日系航空会社の東京オフィスに電話してみました。すると、「それはお困りでしょう。私たちが責任を持ってお探しいたします」とすぐに対応してくれたのです。

そこから事態は一気に動き始めました。

日本の担当者から、次々と状況報告が入ってきました。すべての荷物は飛行機から降ろされて、フランクフルト空港の巨大な倉庫に二万個のスーツケースが保管されていること。そこから個々の荷物を探し出すには、しばらく時間がかかること。荷物が見つかり次第、私たちの指定する場所へ送ってくれること、などなど。

結局、荷物は二週間のスイス滞在中には戻ってきませんでした。それでも日本の航空会社が私たちのスーツケースを探してくれていることがわかっていましたので、私と妻は安心していました。

スーツケースは、私たちが日本に帰国した直後に群馬の自宅宛に届けられました。しかも、ひとつのスーツケースが一部破損していたので、替わりの新しいスーツケースが添えられていたのです。妻は感激して、電話で対応してくれたすべての担当者の方の名前を列記したお礼状を書きました。スイスの家族に連絡すると、状況の一部始終を知っていた父や母は、日系航空会社の対応にとても驚いていました。妻は「あのときは、本当に日本人として誇らしく思った」と言っていました。

日本人の真面目な対応は、外国人には感動的

これは極端な例かもしれませんが、日本のように、どの部署の社員でもその会社の代表として接客し対応するという姿勢は、外国ではあまり見られないように思います。

まだカナダに住んでいた頃のことです。スイスからカナダに帰る便が乗り継ぎ空港で欠航になることがわかり、その会社のカウンターに行きました。私たちは、次の飛行機はいつ飛ぶのか、自分たちはそれに乗れるのか、あるいは他社の飛行機に乗せてもらえないのか等、旅行者として当たり前のことを質問したのですが、担当者は、「あなたがたが乗る飛行機は飛びません。どうしようもない」の一点張りで、まったく取り合ってくれませんでした。すべて「アイ・ドント・ノウ」なのです。お詫びの言葉などひとこともなく、「そんなことは私は知らないし、私の仕事でもない」という態度がありありでした。

もちろん、これもまた極端な例だと思います。海外の空港では欠航や遅れは日常茶飯事ですので、その際にどうすべきか、一応は指示されるのが普通です。それでも、「飛行機が飛ばな

かったことは、私の落ち度ではない」という、他人事のような対応をされることが多いのです。
そんな「面倒なことはできるだけしたくない」という接客に慣れている外国人にとって、日本の「おもてなし」の気持ちは、大げさでなく感動的ですらあります。

自国へ帰ると、サービスの質にがっかりすることも

日本ではサービスの良さに感動する場面がよくありますが、ガソリンスタンドもそのひとつです。まず基本的なサービスがすごいですし、特に給油が終わってから、お客様の車が車道に出るのを誘導して、その後、止めてしまった車のドライバーにもお辞儀をしています。これは素晴らしいと思います。

先日、地元の工務店にオフィスの拡張工事をお願いしました。当初は「四日ほどかかります」と言われていましたが、予定の荷物が早く届いたり工事担当者が早く来るなどして、少しずつ時間が短縮。そのうえ作業も早いので、なんと予定より一日早く仕上がったのです。ちょうどそのとき、テレビのニュースで「ブラジルでワールドカップを行う競技場の工事が間に合いそうもない」と伝えていて、私は思わず「日本は逆に早くできた。さすが日本！」と笑ってしまいました。

日本のスーパーやコンビニエンスストアのレジの人も、作業が早くていつもにこやかです。

日本人の中には、こうした対応を「マニュアル的で心がこもっていない」と感じている人もいるようですが、世界ではマニュアル以下のサービスしか提供しない店がものすごく多いのです。日本のダメなサービスは、海外の平均レベルより上くらいだと思います。

「ジャパンガイド」には、国籍に関係なく世界中の旅行者から「日本のサービスは素晴らしい」という感想が寄せられています。日本に長く滞在した人は、自国に帰ると、そのサービスのひどさにショックを受けることが多いようです。私もスイスに帰ると、毎回がっかりします。お客が困っていても知らないふりをしていたり、店から出るときに「ありがとう」も言わなかったり。

いつも思うのは、日本人は仕事中にムーディ（気分屋）にならない、ということです。気分が悪かったとしても、お客には見せません。海外では、そのときの気分で接客する人がとても多い。落ち込んでいると無愛想になるし、怒っていると客まで怒られます。その点、日本人は常に真面目で信頼できます。ルールを守るし、自分の仕事や役割に対して誠実に取り組む人が多いという印象があります。

だから、日本に帰ってくると安心します。サービスに関して、日本はノー・プロブレム、なんの問題もない国です。

落とし物が返ってくる、奇跡の国

日本人の真面目さは、安全や秩序という価値も生み出しています。

多くの日本人は、自動車が来なくても赤信号で道路を渡りませんよね。海外では、信号に関係なく車の間を縫うようにして道路を横断する人が多いです。

もちろん、世界中のどんな国にも悪い人はいるし、大都会なら犯罪がゼロなどということはあり得ません。それでも、東京のように夜中に女性がひとりで歩ける大都市は少ないです。タクシーでぼられる心配もほとんどありません。私はよく山登りをしますが、日本では女性ひとりで登山している人も多いです。これは奇跡のようなことです。

奇跡といえば、「ジャパンガイド」のフォーラムには、「落とし物が返ってきた！」という感激が投書される例が多くあります。海外でも落とし物が戻ることはあります。しかし、財布なら現金やクレジットカードは抜かれている場合がほとんどです。でも日本では、財布がそのまま戻ってきます。これはすごいことです。

つい最近、二〇一四年の三月に佐賀県へ取材に行ったときのことです。吉野ヶ里歴史公園に行った帰り、宿泊予定の博多まで、「ジャパンガイド」の社員のスコットと私は、「せっかくだから」と九州新幹線に乗りました。

最近スコットは、私の影響で鉄道に少し詳しくなりました。乗ったのは八〇〇系で、和風のインテリアが大人気の車輛です。スコットもワクワクしている様子がよくわかりました。

このとき、彼は財布とスマートフォンをズボンの後ろポケットに入れていました。いちばんやってはいけないことですが、治安のいい日本に長く暮らしているので警戒心が薄れていたか、はたまた九州新幹線の乗り心地に興奮して我を忘れていたか。案の定、そのふたつがいつの間にかポケットからこぼれ落ちていたことに、彼はまったく気が付かなかったのです。

博多駅に着いて駅前のホテルにチェックインし、すぐに夕飯を食べに屋台へ行こうと待ち合わせ場所のロビーに行くと、スコットが青い顔をしていました。「財布とスマホをどこかに落としてしまった」と、おろおろしています。

私は彼に落ち着くように言って、ロビーにあったコンピュータで、スマホの現在地を追跡できるアプリを使って調べてみました。すると彼のスマホは博多駅の中にあることがわかりました。それでもスコットは、「財布も一緒にあるかなぁ?」とまだ心配そうでした。

私は最初から「大丈夫、戻ってくる」と思っていました。博多駅は終着駅なので、お客さんがみんな降りたあとの車内点検ですぐに見つかったはずだと予想していたのです。

二人で博多駅の忘れ物窓口へ行くと、新幹線内の忘れ物は専門の保管室にあるとのこと。そこで指示された場所がアプリで示された場所と同じだったので、私はますます無事に戻ってくることを確信できました。

さっそく担当窓口へ行き、事情を説明すると、すぐに「これですか？」と係の人がスマホを持ってきてくれました。そしてもちろんその手には、財布も。そのときのスコットのホッとした顔といったら。

財布の中にあった写真入りＩＤで、持ち主本人であることがすぐ確認され、書類にサインして、スマホと財布は無事にスコットの元に戻りました。

その後、屋台で祝杯をあげたことは言うまでもありません。

両親を日本に呼んで沖縄県を旅したときにも父が財布を落とし、間もなく何の問題もなく戻ってきました。だから私は、落とし物にはすっかり楽観的になっています。もちろん一〇〇パーセント戻るわけではありません。それでも、これほど安心して旅行できる国は、めったにないのも事実です。この美点が失われないよう、心から願っています。

居酒屋と露天風呂で国際交流！

シャイだけれど、実はフレンドリーな日本人

一方で、外国人旅行客からは「日本人は冷たい」という意見も寄せられます。日本人は英語を話せない人が多いので、何か質問されそうだと思うと逃げてしまう人もいます。

でも、それより多く寄せられるのが、「日本人が親切で助かった」という意見なのです。道で地図を見ていると話しかけて助けてくれる人が多くて、しかも目的地まで連れていってくれたりする。その親切に感激した、という意見が少なくありません。

最初は話しかけにくい雰囲気でも、いったん話をするとすごくフレンドリーになるタイプの人も多いです。私も、何度もそんな経験をしています。

初めて鹿児島を旅したとき、市内の居酒屋に入りました。ひとりで食事をしていたら、隣の

テーブルにいた家族連れらしい六人グループの若い男性が、私に声をかけてきました。どうやら英語で話してみたかったらしく、「一緒に食べませんか」と誘われたのです。悪いかなと思いましたが、みんなニコニコしているので参加させてもらいました。

私が少し日本語を話せるとわかり、あとの会話はすべて日本語になりました。当時の私は今より日本語が下手でしたから、たいした話はできませんでしたが、とても幸せな良い時間でした。

鹿児島では、もうひとつ印象的な経験があります。

桜島で温泉に入っていたら、若い日本人の二人連れが話しかけてきました。少し話すと、彼らが自衛隊の人だということがわかりました。私もスイスで兵役を経験していたので、「こんなこと、ありますよね」という話で盛り上がりました。

不思議なもので、その後も温泉に入っていると話しかけられることが数多くありました。裸の付き合い、というやつでしょうか。

飛騨の露天風呂では、日本のおじさんたちと私、そして他の外国人二人と、全部で四カ国の人間がいて、お風呂で話が盛り上がったこともありました。隣の女性用露天風呂にひとりで入っていた妻は賑やかな声を聞いていたそうで、あとで「いったい何語でしゃべっていたの？」と驚かれたものです。

温泉での日本人は、とてもフレンドリーになります。「無愛想な印象だけど、実はフレンドリー」というのは、スイス人とよく似ているので、遠慮がちに会話が始まるあの感じは、私にはとてもわかりやすくて心地よいのです。

こうして多くの日本人と接し、そして「ジャパンガイド」のサイトを通じて世界中の人々とやりとりをしていると、先入観を捨てて、きちんとコミュニケーションを取れば、たいがいわかり合えるものだと実感します。

「フォーマル」な日本のサービス。北米は「フレンドリー」

とはいえ、人との接し方やサービスに対する考え方は、国や地域、時代などによってずいぶんと違います。人柄やお国柄が出ますし、「良い」とされる接し方も様々です。

日本の「おもてなし」は、言うなればフォーマルだと思います。細かなところまで気を配って、相手の思いを先取りしてサービスする。極端に言えば、まるで相手をお殿様やお姫様のようにもてなすのが日本流だと感じます。

一方、北米の「おもてなし」は、フレンドリーです。一流のホテルは日本以上にフォーマルですが、一般的なホテルや飲食店では、友達のように接して、冗談も言い合って、リラックスしてもらうことが北米流の「おもてなし」です。

日本の「おもてなし」を「堅苦しい」と感じる人もいます。逆に北米流を「なれなれしい・

おおざっぱ」と感じる人もいるでしょう。これは国民性や文化の違いなので、しかたないことです。

私の感覚では、日本のサービスは日本的であるほうが自然で気持ちがいいです。日本人による北米流のフレンドリーなサービスは、なんだか無理をしているような感じがします。国際展開しているチェーンホテルなどは、日本にあってもサービスはグローバル・スタンダードなのでしかたないですが、伝統的な日本旅館の場合は、そのサービスのスタンダードを変えてはいけないと思います。

外国人向けと日本人向けで、サービスを変えてはいけない

いい旅館なのに、日本人向けと外国人向けでサービスを変えているところがあります。私も旅先で何度か体験していますが、個人的にはこれは良くないと思っています。

とある有名観光地の老舗旅館で、私たちは、かつて多くの文豪が宿泊したという特別な部屋に泊まることにしました。ところが、部屋は素晴らしいのですが、担当の仲居さんの接客態度に違和感がありました。英単語を交える程度の説明ができる人でしたが、妙になれなれしく、動作や振る舞いが雑なのです。「一流旅館だし、このお部屋は料金も高いのに、なぜ?」と首をかしげる妻。ここのサービスはこのレベルなのだろうかと腑に落ちないまま、翌朝、別棟に

ある朝食会場へ向かいました。すると、妻が後ろのテーブルを担当していた仲居さんの接客態度が全然違うことに気付きました。言葉づかいも心配りも、それこそ一流旅館にふさわしいものだったと言うのです。どうやら私の名前で予約したため、〝外国人向け〟の仲居さんが担当になったようなのでした。

この話には後日談があります。その数年後、伯母が旅行で日本に来たとき、偶然ですが同じ旅館に泊まりました。スイスの旅行会社のアレンジだったそうですから、やはり海外でも有名な旅館なのです。しかし伯母は「がっかりした」と私に伝えてきました。夕食のとき、仲居さんが、頼んだビールの瓶を脇にはさんで部屋に来たのだそうです。私はすぐにあの仲居さんだと思いました。日本人のお客が相手だったらあり得ない態度です。

京都にもそんな旅館がありました。日本人客と外国人客への接客方法が明らかに違うのです。外国人観光客だって、京都に来たらはんなりした京都らしい接客を受けたいものです。なのに、言葉づかいも態度もぞんざいで、外国人にはこのほうがいいのだと言わんばかり。たとえ言葉はわからなくても、相手の態度が丁寧で心からもてなしてくれているか、そうでないかは、すぐにわかるものなのです。

日本ならではの「おもてなし」に自信を持って

旅行者を温かく迎える気持ちは、世界中にあると思います。ただ、海外、特に観光が大きな産業になっている国や地域では、「サービスとは対価の発生するもの」という考え方が基本で、ここが日本との大きな違いかもしれません。

多くの外国のホテルや店舗では、何か少しでも特別なことを頼む場合にはチップや別料金が必要です。

しかし日本で何かをお願いすると、常識的なことならたいてい無料でやってくれます。

たとえばバンクーバーの空港で市内へ行く電車のチケットを買うと、空港利用料が自動的に加算されてしまうため、普通に買うより五〇〇円ほど高くなります。地元の人たちはそれを知っているので、チケットを空港では買いません。スイスでも、「観光客からはできるだけお金を取ろう」というビジネス感覚を強く感じます。ところが成田空港では外国人観光客向けに、都心まで行く鉄道の半額チケットを売っています。面白いですね。

日本にも、tourist trapと呼ばれる割高な観光地価格を設定している店や、心付けというチップのような制度があると聞いています。高級な飲食店では、会計にサービス料が上乗せされていることもあります。ですから「サービスに対して相応の料金を求める」というのは世界共通なのだと思います。労働に対価が発生するのは当然だと、私も思います。

しかし私自身は、日本中を旅して、サービスとその価格が気になった経験はありません。少なくともチップの金額に毎回頭を悩まされないだけでも、日本の旅は快適です。

最近は「グローバル・スタンダード」が大流行ですので、これから東京オリンピックに向けて、日本でも観光や「おもてなし」がビジネス化していくのかもしれません。それは寂しいし、もったいないですね。日本の「おもてなし」は、世界に誇れる最高レベルのサービスです。世界のどんな国も日本の「おもてなし」を真似することなどできないのですから、日本が世界を真似する必要はありません。

海外からの旅行者は、その「おもてなし」も含めて、日本の旅を楽しみにしているのです。どうか自信を持って、今のままであってほしいと思います。

第3章

歴史を訪ねる

心惹かれる街、建物、そして自然

自国にない日本ならではの建築物は、旅の大きな目的

五重塔を訪ねて出合ったフレンドリーさの謎

日本を訪れる欧米人、特にヨーロッパからの旅行者たちは、日本の神社仏閣や城、茅葺《かやぶ》きの家、京都の町家など、日本ならではの建築物に強く心を惹かれます。金閣寺や五重塔の写真は、日本を代表する風景としてどんなガイドブックにも掲載されていますので、旅行者は「まずそれを見たい」と考えます。

しかし、自国に似たような建物がある韓国や中国などアジア圏の人々は、神社仏閣にさほど強い興味を持たないようです。たとえばシンガポールなど東南アジアからの旅行者は、日本の自然、花、雪に関心があり、そして良質な日本製品を買って帰りたいと思っています。

もちろん個人差はありますし、「〇〇人は」とひとくくりに語るのは乱暴すぎますが、いず

れにしても「自国にないものを見たい」と思うのが外国人観光客のいちばんの欲求です。日本的なもの、日本にしかないもの、日本オリジナルなものを求めて、彼らは旅をします。

私自身も、初めて日本に来たときは「五重塔をぜひ見たい！」と思っていました。私にとって、日本的な建築のひとつの象徴が五重塔だったのです。来日してから、五重塔は日本各地にあることを知り、今でも機会があると五重塔めぐりをしています。

私だけでなく多くの外国人が五重塔を好きなことは、山梨県富士吉田市にある忠霊塔からもわかります。ここは海外からの旅行者には有名なスポットで、春は富士山と桜と五重塔（忠霊塔）という、外国人が好きな三つの要素が一枚に収まる風景を撮影できるのです。ここで写真を撮ったら、彼らの多くはすぐにフェイスブ

■富士吉田市のスポットから富士山と桜と五重塔を撮影。

ックやツイッターにアップします。日本を旅していることがひと目でわかり、即座に「いいね！」がいくつも押されるのです。

余談になりますが、一一年前に山口県を訪問した際、日本三大五重塔のひとつ、瑠璃光寺《るりこうじ》五重塔に足を延ばしました。さすがに国宝だけあって見応えがありましたが、私には境内にある「瑠璃光寺資料館」がとても面白かったです。全国の五重塔、五十基以上の模型が展示してあって、五重塔好きにはたまりませんでした。

さらに印象的だったのは、山口の人々のフレンドリーさです。私が外国人であることをほとんど意識しないかのように、ごく普通に接してくれました。

とても不思議なのですが、同じフレンドリーさを、私は高知県と鹿児島県でも感じた経験があります。奇《く》しくも日本列島それぞれの端に位置する県で、かつて長州、土佐、薩摩藩として明治維新をリードした地域です。何か共通する県民性があるのでしょうか。

日本人の友人に聞いても、みな首をかしげます。私はちょっとした発見をしたような気分で、うれしいです。

京都・美山の茅葺き民家で過ごした一夜

いずれにしても、多くの外国人にとって、日本らしい建築物を見ることは旅の大きな目的に

■京都府南丹市美山町の知井地区北集落。ほとんどが現役の住まい。

■美山Ｆ＆Ｂの室内。囲炉裏の脇にはダイニングテーブルも。

なります。

私は日本に来るまで、日本では東京には高層ビルが建ち並び、京都にはお寺のような瓦屋根の家が並んでいて、日本中がそのどちらかなのだろうと、勝手にイメージしていました。ですから日本に来て、いろいろな種類の建物があることに興味を持ちました。

かつて木曽路を旅したとき、馬籠《まごめ》宿や妻籠《つまご》宿に残る古い民家が、スイスの古民家とまったく同じ外観なのに驚いたことがあります。初めて訪れた外国の風景をなぜか懐かしく感じたり、タイムスリップしたような感覚を味わったりというのも、また旅の面白さです。

茅葺きといえば世界遺産の白川郷が有名で、外国人からの人気も非常に高いです。私も白川郷の民宿に泊まったことがありますが、あれはとても特別な体験でした。

ところが日本には、まだたくさんの茅葺き集落が残っているのですね。少し前に、私は京都府南丹市美山町を訪ね、茅葺き屋根の職人さんが経営するＦ＆Ｂ（フトン＆ブレックファスト）に泊まりました。茅葺きの民家一軒を丸ごと借り切って宿泊する独特のスタイルで、これもなかなか面白い体験でした。

地元の方の話では、美山町の知井地区北集落は日本一茅葺きの家の割合が多い地区なのだそうです。確かにあちこちに立派な茅葺き民家があり、しかもそのほとんどが現役の住まい、つまり人が住み暮らしています。古い日本の日常生活がそのまま保存されているような集落です。

私たちが泊まったのは、そんな民家の一軒をリフォームした家です。外観や柱、障子、ふすま、土間や囲炉裏などはそのままに、トイレなどの水回りを最新設備にしていました。外国人旅行者の中には、何も手を加えないオリジナルな建物にこだわる人もいますが、ほとんどの人はトイレとお風呂だけは最新であってほしいと思っています。

家の周囲は見事な田園風景で、障子を開けると良い風と一緒にカエルの大合唱が飛び込んできました。私が子どもの頃、別荘と呼ぶにはあまりに小さな森の家があって、夏になるとよく泊まりに行っていた、その記憶が急によみがえってきました。電気もトイレもない小屋のような家でしたが、窓を開けると鳥や虫の声が聞こえて、私はよくそれを聞いていたからです。

観光地は昼間に見るだけでなく、泊まることでその価値がさらによくわかります。宿坊にしろ京都の町家ホテルにしろ、伝統的な建物に宿泊する体験は、最近外国人観光客の間でじわじわと人気を呼んでいます。白川郷も夕方になると観光客がすうっといなくなり、一気に田舎の静寂がやってきます。そして田園の朝のさわやかなこと！　まさに心が洗われるようでした。

美山の朝食は、F&Bの名前に恥じないおいしさでした。地元産の牛乳に卵、手作りソーセージに地場野菜のサラダとパン。少し前の私なら、「日本家屋に泊まったら、食事は和食でなきゃ！」と思ったでしょうが、最近はこういう組み合わせもいいなぁと思うようになりました。ついでに言うと、以前はあまり関心がなかった観光地の土産物店も、ないと少し物足りない気がするようになってきました。知井地区北集落の中には喫茶店や土産物店は少なく、日常生活のままの地です。ここでは、それが他の茅葺き集落とは違うセールスポイントでもあります。

美山は交通の便も悪く、公共交通機関を使う多くの個人旅行者を一度に受け入れる準備はこれからだと感じました。いずれにしろあの美しい景観をなくしてはいけないと思います。観光が、茅葺き家屋保存の助けになればいいと、強く感じました。

姫路城は、世界中の人々が大好き

日本的な建築物といえばもうひとつ、城があります。

ヨーロッパにも美しい城は数多くありますが、日本の城は、他の国では決して見られない姿形をしています。あの美しさは、とても戦いのために築かれたとは思えません。

たとえば姫路城の、あの美しさはどうでしょうか。羽を広げたような形状の素晴らしさももちろんですが、敵を防ぐための複雑なアプローチなど、見どころがたくさんあります。姫路城が数ある城の中でも特に人気なのは、昔のままの広い城内を歩いて、江戸時代にタイムスリップする感じを味わえるからでもあります。特別な時間と空間に「包まれる」感覚は、旅の大切な要素です。

姫路城は、あらゆる外国人観光客に人気です。特にヨーロッパからの観光客は「復元されたものでなく、オリジナルの城でないと意味がない」という考えが強いので、その点でも昔の天守が残されている姫路城の評価は高いのです。

■姫路城。城内を歩いて回れることも人気の秘密。

江戸時代かそれ以前に建てられて、今も昔の天守が残っている城は、日本に一二しかありません。中でも国宝に指定されている姫路城、松本城、彦根城、犬山城は、それぞれに個性があって面白いです。桜や雪など、季節によって味わいが変わるのも楽しいですね。

姫路城は、二〇一五年三月までの予定で大規模な大天守保存修理工事が行われています。瓦を葺き直し、壁の漆喰を塗り直します。白鷺城と呼ばれるあの白い城壁が、さらにまっ白に塗られるのですから、これは見ものです。既に修理工事は終わり、足場などの撤去作業も進んでいるようですから、今からでもお化粧直しをした姫路城を見られるようです。

それにしても、かつて日本中にあったほとんどの城が失われてしまったのは、とても残念なことです。

日本人が知らない「日本の名所」を訪ねる

北海道・大雪山で見る、その年最初の紅葉の素晴らしさ

海外からの旅行者は、日本人があまり注目していないような場所に惹かれる場合があります。たとえば北海道のニセコは日本のスキーヤー以上に外国人、特にオーストラリア人に大人気で、冬の観光客の多くが外国人です。長野県の地獄谷野猿公苑は「温泉に入る猿」で世界的に有名で、いつも多数の外国人観光客がカメラを構えています。

けれどそういう場所はテレビなどでもさんざん紹介されていますので、ここでは私自身の好きな場所を中心に、もっと注目されていい日本の名所についてお話ししたいと思います。

私が真っ先に挙げたいのは、北海道の大雪山です。それも、夏山のシーズンを過ぎて秋を迎

えるわずかな時期が、特にお勧めです。ここは、日本で最初に紅葉が見られる場所なのです。

ここ数年、大雪山訪問は私の大きな楽しみになっています。九月に入り、「そろそろ大雪山の紅葉だな」と思うと、ワクワクしてきます。東京では気温が三〇度を超える残暑の毎日なのに、あちらはすでに冬支度です。

羽田空港を発つときは半袖姿。けれどバッグにはしっかりと防寒具を詰め込んで出かけます。あれは「日本列島の長さ」を実感する瞬間ですね。総面積の割に、地域によってこれほど気候が違うのは珍しいと思います。そういえば、日本に住むようになって、スイスやカナダにいたときよりも季節を意識することが増えた気がします。

旭岳温泉や層雲峡温泉を楽しみに、トレイルを歩く

初めて大雪山を訪れたのは、一〇年ほど前です。そのときの驚きと感動は、今もはっきりと覚えていますし、毎年訪れるたびに新しい感動があります。

当時の私もそうでしたが、日本に大自然があると思っている欧米人は少ないのです。もちろん海や森、それに富士山のような大きな山があることは知っています。けれども、どこまでも続く大平原やカナディアン・ロッキーのようなむき出しの大自然を、誰も日本に期待していません。

■日本で最初に紅葉が見られる北海道・大雪山。

ところが大雪山は、まぎれもない大自然なのです。私はまだ挑戦していませんが、大雪山国立公園を縦走すると、ほぼ一週間、山小屋や標識以外は人工物が目に入ってこないそうです。外国人にとって日本のイメージは全部「街」ですから、神奈川県の面積と同じくらいのこんな自然があるとは、想像もしていないでしょう。

もちろん自然だけなら、私がかつて暮らしたカナダのほうが雄大でしょう。でも私には、カナダの自然はちょっと大きすぎます。個人的には、日帰りで大自然を堪能できて、夜は温泉に入れるのが日本のうれしい点です。

私が多く利用するルートは、近くの旭岳温泉にあるロープウェイに乗って終点まで行き、その先にあるウォーキングトレイルを行く方法です。約四〇分で歩けるそのトレイルから、日本で最初に色づく山が見られるのです。

年によっては、うっすらと雪が積もっていることもあります。雪と紅葉というのも、また不思議な味わいのある風景です。

他にも層雲峡温泉から入るルートなど、いくつかの方法があります。以前、旭岳をぐるりと回る道を七時間かけて歩いたことがあります。黙々と歩いていると、やがてランナーズハイのようなトランス状態になり、気持ち良くなってきます。ただひたすらそこにいられることを感謝する、とても静かな気持ちになれるのです。

そして紅葉を堪能したら、待望の温泉に入ります。歩いたあとの温泉は最高です。重いキャンプ道具を背負って山を歩くよりも、私はこの楽しみを選びたいと思います。

山からの帰り道、近くの美瑛《びえい》や旭川で、どこまでも真っ直ぐな道をドライブするのも好きです。富良野や美瑛の風景は、どこかスイスを思い出させてくれて、懐かしくなります。

日本っていいなぁ、日本にこんな場所があってくれてよかったなぁと、大雪山へ行くたびに思います。紅葉の大雪山へ出かけることは、私にとって「季節の節目」になっています。

西表島と竹富島は、日本とは思えぬ異空間

西表島《いりおもてじま》というのも、私にとって特別な場所です。大雪山同様、ここも日本とは思えない風景に満ちているのです。

西表島は、島の約九〇％が亜熱帯の原生林、つまりジャングルです。私はそもそも熱帯地方を旅したことがなかったので、数年前に初めて訪れたときには心底驚きました。未体験の気候風土と、見たこともない光景に衝撃を受け、そしてすぐに大好きになりました。

私は妻と二人でカヌーをレンタルして、マングローブの生い茂る小さな川を漕いでいきました。それは数年間日本中を旅してきて、初めて経験する爽快感でした。私は興奮して、何度も妻に「今、私たちは本当に日本にいるの？」とたずねました。ハゼやシオマネキなどの水辺の小さな生き物、見たことのない色をしたトカゲ、水族館にいるような魚、においや音まで、すべてが新鮮でした。

外国人なら、トロピカルな体験がしたければマレーシアなど別の国や地域を選ぶのが普通です。外国人は日本にジャングルを期待しませんし、そんな場所があるとも思っていません。しかも八重山諸島は、石垣島までの直行便はあるものの、そこから先はどこへ行くのも船。決してアクセスが良いとは言えない観光地です。

しかし一度訪れるとわかりますが、その行きづらさがまた魅力なのです。苦労して訪ねた先に、信じられない風景がある。これは旅の大きな楽しさです。

ジャングルなのに、ワニやピラニアのように危険な動物はほとんどいません。もちろん注意は絶対に必要ですが、言うなれば「安全なジャングル」なのです。そして、本土とはまた違った素朴な「おもてなし」を受けられるのもうれしいです。

■西表島の原生林は信じられないような風景。

西表島を訪ねるもうひとつの楽しみは、琉球地域の歴史に触れられることです。それには西表島のすぐ近くにある竹富島へ行っていただくべきでしょう。ここは西表島とぜひセットで訪問してほしい場所です。

竹富島の集落内には、コンクリートの道路がありません。いちばん高い建物は島の中央にある展望台「なごみの塔」で、それ以外は民家しかありません。景観をこわすような看板も、ほとんど目にしません。まさに昔のままの琉球の村が残されているのです。

水牛の牛車に乗るのも楽しいですし、自転車なら半日で島を一周できます。自分がいつの時代のどの国にいるのかわからなくなる感覚が味わえます。

西表島も竹富島も、まだ訪れたことのない日本人の方々が多いのではないでしょうか。日本の友人によると、「八重山諸島はまだメジャーではないが、一度行くと、どっぷりハマってしまう人が多い」とのことです。「ジャパンガイド」のフォーラムでも、総数は少ないですが、訪れた人の満足度は非常に高いです。

私も、あまりに感動したので、後にスイスの両親を連れて再訪しました。両親も驚き、感激していました。夢のような場所、パラダイスです。

長崎県・軍艦島でＳＦ映画に迷い込む

特別な「時間と空間」を経験できるという意味では、数年前に訪れた長崎県の端島《はしま》、通称「軍艦島」についてもぜひお話ししておきたいと思います。

ここはかつて海底炭鉱で栄えた島で、まさに島がひとつの独立した世界でした。島には炭鉱で働く人たちの住まいとして日本で最初の鉄筋コンクリート造の集合住宅が建設され、小中学校や商店、病院、寺院、映画館、パチンコ店までそろっていました。そこで新たに子どもが生まれ育ち、学校に通い、働いて、結婚して……という歴史が刻まれていたのです。約六万三〇〇〇平方メートルといいますから東京ドームの総面積よりひと回り大きいくらいの島に、最盛期には五〇〇〇人以上が暮らし、世界最高の人口密度を記録したそうです。

一九七四年に閉山になると、島民全員が島外へ移住しました。軍艦島は、そうした人々の暮

■正式名称は端島。通称「軍艦島」。

らしの痕跡をそのまま残して、今では廃墟になっています。

無許可での上陸は禁止されていますので、私はツアーに参加して島へと渡りました。そこで見たのは、SFの世界です。少し前まで、確かにそこに人がいたはずなのに、街だけ残して誰もいない。まるで人類滅亡の映画を疑似体験しているような気分になり、その後は何日も頭の中でその光景が浮かんでは消えていました。

最近「007」の映画の悪の本拠地のモデルになり、外国人観光客も増えているようです。ここも気軽に行ける場所ではありませんが、行けば必ず強烈な印象が残ると思います。

人間よりも猫が多い石巻の田代島でなごむ

島の話が続きました。私は島が大好きです。

スイスには海がないので、「自国にないもの」に憧れるのでしょう。それに、島という閉じた場所は独特の時間と空間を味わうのに最適なのです。

今、私を含む外国人の密かな人気を呼んでいる島が、石巻《いしのまき》市の田代島です。石巻港からフェリーで約四〇分のこの島は、別名「猫島」。島には猫神社があり、昔から島民が猫を大事にしてきたために、今では人よりも猫の数のほうが多いと言われます。島の人口は一〇〇人以下で、平均年齢は七〇歳を超えているそうです。

私は被災地をめぐる旅の一環でこの島に渡り、いっぺんで好きになりました。自分が猫を飼っていることもありますが、釣り客向けの民宿以外に観光客向けの施設がほとんどない、その素朴な雰囲気がとてもいいのです。最近は、休日になると猫好きの老若男女が島を訪れているそうです。さすがにこの島を旅の目的にする外国人旅行者は珍しいでしょうが、被災地を訪ねた際に足を延ばしたいと思っている猫好きの旅行者が、ときどき「ジャパンガイド」に質問してきます。

もうひとつ、愛媛県大洲市にも「猫島」と呼ばれる島があります。青島です。ここも近いうちにぜひ訪れたいと思っています。

現代アートで「島興し」を続ける瀬戸内海の島々

瀬戸内海の一部の島々は、岡山生まれの企業である株式会社ベネッセホールディングスがメインスポンサーとなって、現代アートの島々に生まれ変わっています。

その代表的な場所が直島です。直島には四つの美術館があり、そのうちホテルが併設されているのが「ベネッセハウス」です。このホテルに宿泊すると、一部の部屋の客は美術館の閉館後に中に入れるという特典があります。私はここに泊まって、夜ひとりで美術館に行ってみましたが、薄暗い館内で見る現代アートはミステリアスで、少し恐い雰囲気もあり、とても面白い経験でした。

産業廃棄物の不法投棄で問題になった豊島《てしま》にも、アート作品と建築が融合した立派な豊島美術館があります。私が今まででいちばん感動した現代アート作品です。

かつて銅の精錬所があった犬島では、廃墟となっていた精錬所を整備し、現代アートと組み合わせて印象的な美術館に作り替えました。周辺の小さい漁村にも面白い現代アート作品がたくさんあります。

外国人観光客には、三年ごとに開催される「瀬戸内国際芸術祭」も人気があります。現代アートによって過疎化の進む島々を活性化させようという取り組みで、二〇一三年は八～一〇の

■ユーザーの満足度が高い男木島の迷路のような路地。

島が開催地となりました。各島にアート作品が常設されていて、芸術祭の期間以外にも、驚くほど多くの外国人が訪れます。

私はそれほど芸術を理解する人間だとは思いませんが、自然豊かでのどかな島の風景の中に溶け込むアートの存在は、観光という点からはとてもインパクトがあります。特にヨーロッパの人々は個性的で変わったものも好きですから、広島や京都を訪ねた際に足を延ばすケースが多いのだと思います。

入り組んだ路地が懐かしい高松沖の男木島

そんな島々の中でも私が好きなのは、高松の沖にある男木島《おぎじま》です。ここも芸術祭の舞台ではありますが、それよりも島の雰囲気そのものが素晴らしいのです。

外周が約五キロの、楕円形の小さな島で、そのほとんどが山です。その斜面に集落があって、その中を縫うように狭い路地が走っています。この路地がまさに迷路で、そこを歩くだけで、まるで探検のように感じられて面白いのです。

のんびりとした雰囲気と、入り組んだ路地と、海。これは外国人は大好きだと思います。おそらく日本の皆さんが訪問したら、「昔はどこにでもあった普通の風景」と思うかもしれません。しかし、「ジャパンガイド」のユーザー満足度ランキングでは非常に高い評価を得ています。

隣にある女木島《めぎじま》には、鬼ケ島伝説の洞窟があります。高松市の北西部には鬼無《きなし》という地区があり、桃太郎に関わりがある場所だったという説もあるそうです。

島というのは歴史が昔のまま保存されているところが多くて、それも魅力です。もし機会があったら、皆さんも島を訪ねてみてください。きっと再発見があると思います。

渋谷のスクランブル交差点は、世界的な観光名所

私は古い日本、昔ながらの景観が大好きです。その一方で新しい日本、「近未来都市」の日本も大好きです。多くの外国人観光客も同様です。人それぞれ、という大前提はありますが、彼らは金閣寺も清水寺も大好きで、高層ビルが林立する中を高速道路が走り抜ける風景もまた、

大好きなのです。

そんな日本を代表する都会の光景が、渋谷のスクランブル交差点です。私も初めて見たときは圧倒されました。ものすごい数の人にまず驚き、感動し、みんないっせいに交差点をクロスして渡っているのに、なぜ誰もぶつからないのか、とても不思議に感じました。ふと視線を上げるとビルが建ち並び、鉄道が高架を走り、大型ビジョンがきらびやかな映像を流しています。これはもうまるで映画です。

実際、渋谷は「ロスト・イン・トランスレーション」や「バイオハザードⅣ」など数多くの映画で撮影地となっています。たまに渋谷へ行くと、熱心に写真やビデオを撮っている外国人に必ず出会います。日本へ来て渋谷へ行かない外国人観光客は、ほとんどいないと思います。

ゆりかもめは、近未来の東京を体感できる〝アトラクション〟

「ゆりかもめのいちばん前に乗って、レインボーブリッジとお台場の街を眺める」という〝アトラクション〟も、都会好きな外国人観光客にとても人気です。

お台場は、埋め立て地に人工的に造られた街です。そこへ、無人で運行されるゆりかもめがレインボーブリッジを渡って入っていく。先頭に座ると、まるでテーマパークのライドのようです。始発の新橋駅で見ていると、最前列は激しい奪い合いが繰り広げられています。

■レインボーブリッジは都会派の外国人観光客に人気。

ヨーロッパの大都市は建物の高さや外観に統一感があります。それは美しいですし、価値のあることだと思います。そうした風景に慣れているヨーロッパからの旅行者は、東京の雰囲気にびっくりします。ビルの高さや色がまちまちで、派手な看板が多い。高い所から眺めると、見渡す限り街が続いている、その広さにも感動します。それなのに街全体が驚くほど整然と動いている。これもまた、寺や城とは違う、とても日本らしい日本なのです。

ちなみに私が気に入っているのは、テレビ番組の「ブラタモリ」のように東京の街を散歩することです。七年ほど前に知人に誘われて日本橋ツアーに参加したとき、それまで何気なく見ていたビルが思いがけない歴史を持っていることを知ったり、埋め立てられた運河跡などを教えてもらったりして、街歩きがますます好きになりました。今も時間が空くと、たとえば東京駅から渋谷駅まで歩いてみたりします。ビルだらけのような印象のある山手線の内側も、けっこう静かな住宅街があったりして、毎回発見があります。歩いてみると、自分の頭の中にある地下鉄の路線図と地上の風景がつながるのも快感です。

大阪のディープな魅力、ただいま勉強中

さて、日本の大都会といえば、まず東京。そして大阪ですよね。

大阪はここ数年、大きく変身しています。「グランフロント大阪」や「あべのハルカス」といった巨大ビルもいいですし、鉄道好きの私としては、大阪駅のリニューアルがとてもうれしかったです。以前の大阪駅は、大都市のターミナル駅としては狭くて入り組んでおり、不便でした。味わいはあったかもしれませんが、利用者の多さに見合っていなかったと思います。古いものを残すことも大切ですが、都市には都市の「あるべき機能」があり、そのバランスを取ることが重要だと私は考えます。

私は何度も大阪を訪れていますが、最近になって大阪市北区の方々とご縁ができて、何度か食事をする機会がありました。やはり関西人は関東の人々とノリが違うのですね。オープンで直接的で、会話のテンポが速い。そんな経験をしてから新世界や天神橋筋商店街を歩くと、大

阪の街が少し違って見えてきた気がします。名物の「大阪のオバチャン」にも会いましたよ。

ディープな大阪の魅力を語れるようになるには、まだまだ勉強が必要です。

先端技術に触れられる名古屋は、大好きな街

私は日本各地の都市も好きです。

私が福岡や仙台が好きだと言うと、日本人の友人は「なるほどね」という顔をします。しかし私が「名古屋も好きです」と言うと、たいてい意外な顔をされます。

私はまず、ナ・ゴ・ヤというサウンドが好きです。そして「三番目」の都市であることもいいと思っています。一番ではない。二番でもない。大きいけれどあまりメジャーではなく、どうしても一番と二番の陰に隠れてしまいがちです。でもパワフルで存在感がある。そんな印象を持っています。

二〇一一年に大幅な改修が行われ、生まれ変わった名古屋市科学館には、世界最大のプラネタリウムがあります。同じ二〇一一年には、JR東海の鉄道博物館「リニア・鉄道館」がオープンしました。ここは懐古的な展示でなく、東海道新幹線を中心にリニアに至る高速鉄道の技術を紹介していて、新幹線好きにはとても面白い場所です。

私にとって名古屋は、トヨタに代表される自動車産業の街というイメージです。かなり前の

話になってしまいますが、まだプリウスが発売されて間もない頃に工場見学をしたことがあります。当時すでに英語による見学ツアーが用意されていて、ほぼ満員の盛況でした。英語で簡単に予約できて、現地での対応もスムーズ。さすが世界のトヨタだと好感を持ちました。

それから名古屋城。ここでは現在、かつて国宝に指定され、空襲で焼けてしまった本丸御殿の復元が進められています。資料を見ると、名古屋城は早くも一九三〇年には国宝に指定されていたのですね。ところが空襲により天守、本丸御殿ともに焼失してしまい、天守だけが一九五九年に再建されたそうです。

二〇一三年には本丸御殿の玄関と表書院の復元工事が終了し、公開されました。私もさっそく見に行きましたが、素晴らしかったです。古い建物が好きな人の中には「オリジナルのものでないと価値がない」と主張する人がいます。私もオリジナルの価値が大きいことは認めますが、今回のようにオリジナルに忠実に復元されたものにもまた価値があると考えます。できたての建物は、当たり前ですが、ピカピカです。これはつまり、当時の状態を見ることができているということではないでしょうか。寺社にしろ城にしろ、私たちは歴史を経て古びた建物を見て「味がある」とか「わび・さび」などと言っているわけですが、建築当時はどれもピカピカだったはずです。それを今、見られるのは、とても貴重な経験だと思います。

全体の公開は二〇一八年の予定だそうです。待ち遠しいですね。

■ナガシマスパーランドはローラーコースターマニアの聖地!?

三重県桑名市・ナガシマリゾートが外国人に人気の理由

名古屋エリアには、外国人観光客から評価の高いテーマパークがあります。どこだか予想できますか？　正解はナガシマリゾートです。

「ジャパンガイド」では、二〇一三年に日本のテーマパークを紹介するページを作成しました。そこでの満足度調査では、一位が東京ディズニーシーで二位が東京ディズニーランド、そして堂々三位に入ったのが、三重県桑名市にあるナガシマリゾートなのです。

何がそんなに人気なのかというと、ナガシマリゾートの中に「ナガシマスパーランド」という遊園地があり、そこのローラーコースター（ジェットコースター）がすごいのです。世界には熱狂的なローラーコースター好きがいて、中には世界中のコースターに乗りたいと考える人も少なくないようです。特にアメリカ人は、ローラーコースターが大好きです。そして彼らの間で人気なのが、日本では富士急ハイランドとナガシマスパーランドのローラーコースターなのだそうです。

私の知人で旅行作家兼ジェットコースター評論家である宮田珠己氏の著書によると、「日本ジェットコースター界の勢力地図は、他を圧倒してナガシマスパーランドと富士急ハイランドの二強君臨体制が鮮明になっている」とのことです。私はローラーコースターにあまり乗らないのでよくわかりませんが、まずこの点において、ナガシマスパーランドは多くの外国人観光客を惹きつけているのです。

さらにナガシマリゾート内には「なばなの里」という花のエリアがあります。春から秋にかけては季節の花が次々と咲き、そして冬になると、広大な花園が日本でも最大級のイルミネーションで彩られます。「ジャパンガイド」のスタッフが取材に行って、「あれはすごいです！」と驚いて帰ってきましたし、写真を見てもかなり大規模で凝った展示のようです。

それだけではありません。ナガシマリゾートには温泉があります。そしてこれは、私が思うに人間が作った〝自然〟の中ふうの温泉施設としては最高レベルのものです。

ここには「奥《お》入瀬《いらせ》渓流の湯」と「黒部峡谷の湯」というふたつの風呂があって、自然を模して岩や木々を配した温泉を楽しむことができます。温泉についてはあとで詳しくお話ししますが、何を以て「良い温泉」と言うかは人それぞれ、好みの部分が大きいです。こうした人工的な造作の中にある温泉を「正しい温泉ではない」という意見も私はわかります。しかし、とにかくここは入っていて楽しいのです。スケールが大きいので、細かいことはどうでもよくなる感じです。エンターテインメントとしての温泉が、ここにはあります。

これだけのものを一度に楽しめる場所は、日本でもあまりないと思います。「ジャパンガイド」のフォーラムには、ナガシマリゾートへの行き方の問い合わせが頻繁に寄せられます。

世界遺産になった富岡製糸場への期待

私がこれから大いに期待しているのが、地元・群馬で世界遺産登録が決まった富岡製糸場です。富岡製糸場にはすでに何年も前に取材に行っていますが、世界遺産登録確定が発表された直後に、そのほかの三つの遺産群にも大急ぎで行ってきました。今回、「富岡製糸場と絹産業遺産群」として、製糸工場だけでなく絹糸産業を支えた三つの施設も同時に登録されることになったからです。明治の養蚕業を主導し、当時の典型的な養蚕農家の住宅が残る「田島弥平旧宅」、効率的なカイコの飼い方の研究所であり、またそれを広く教える学校でもあった「高山社跡」、そしてカイコの卵を低温貯蔵した「荒船風穴」です。これら四つは離れた場所にあるので、結果的に二日がかりで全部を回ってきました。

時間をかけた意味は十分にありました。ボランティアガイドさんの説明が面白かったですし、

■世界遺産登録が決まった富岡製糸場。

とても勉強になりました。

当時、絹糸の製造は国策産業で、国を挙げて力を注いだのですね。JRの高崎線～山手線は、横浜港から世界に向けて絹糸を輸出するために最優先で建設されたらしいとか、今では日本を代表する世界企業であるトヨタも日産も、もともとは紡織機から事業をスタートさせたのだとか、興味深い話をたくさん聞けました。

製糸場はフランス人技術者の指導で運営されていて、その給料は当時の大臣並みだったそうです。だからその技術者が帰国した途端に工場は黒字に転じたといいます。彼が赤ワインを飲むのを見て、「フランス人は人の血を飲む」という噂が立ったために、当初はなかなか女工が集まらなかったとか、ヨーロッパ流の労働管理が行われたことで労働環境はとても良かったとか、細かなエピソードまで興味深い内容で、ついつい人に話したくなりました。

ただ、こうした説明を聞かないと、見ただけではさほど面白くないかもしれません。産業遺産の先輩格である石見《いわみ》銀山は、島根県というアクセスの弱点もあって、海外からの観光客は多くありません。調べてみたら、「ジャパンガイド」の登録ユーザーで、石見銀山へ行ったことのある人は今まで一〇〇人しかいませんでした。

しかし富岡製糸場には、いくつか有利な点があります。まず、東京からさほど遠くないということ。それから最寄り駅「上州富岡」のある上信電鉄は、外国人観光客向けの鉄道パス「**JR Kanto Area Pass**」を持っていれば乗り降り自由なこと。工場には地元出身の熱心なガイドさんがいて、ｉＰｏｄを使った英語によるガイドもあること。そして群馬県には、良い温泉がたくさんあることです。

私としても、地元はぜひ応援したいです。温泉と組み合わせたモデルコースを作って、「ジャパンガイド」でも紹介したいと考えています。

もちろん日本人の皆さんは、行けば必ず興味を感じてもらえるはずです。上信電鉄のローカルな風情を楽しみながら、ぜひ一度、訪れてみてください。

スピリチュアルな体験で感じる、日本らしさ

初めて訪ねた明治神宮で考えたこと

日本を旅していると、スピリチュアルな感動に打たれることがよくあります。これもまた日本の大きな魅力だと私は思っています。

私が最初に訪問した神社仏閣は、東京の明治神宮でした。

日本に到着した次の日の朝、日本人の友人とＪＲの代々木駅で待ち合わせました。駅のアナウンスやチャイムの音が珍しくて、持っていたビデオカメラを録音のために使ったことを覚えています。

明治神宮に案内されて、まず東京の真ん中に森があることに驚きました。その緑の中に、ちょうど七五三の時期だったので着物姿の子どもたちがたくさんいて、私はまたビデオで撮影し

ました。神社と着物というのは、外国人からすると「これこそ日本」という風景です。都心の緑濃い神社の境内で、着物を着た日本人を見る。初めて日本に来た私の心を奪うには、十分すぎる経験でした。

次に、私たちは浅草寺へ行きました。神道と仏教の両方を、来日してすぐに体験したことになります。ふたつの宗教が同時に存在するなんて、ヨーロッパ人の感覚からすると不思議でした。このときの経験は、今に至るまで日本の文化や宗教について考える大きなきっかけとなったのです。

日本独自の宗教観は、理解も説明も難しい

スイスというキリスト教の環境で育った私にとって、キリスト教の神様は子どもの頃から、とても怖い存在でした。人智を超越し、人に許しと罰を与える絶対的な存在であると教わりました。

そんな私から見ると、日本人の神様はとてもおおらかな印象です。そもそも仏教と神道が混ざり合って存在する日本の宗教観は、キリスト教徒やイスラム教徒とはまったく違います。

だから「ジャパンガイド」で神社仏閣を紹介する際には、「神」という言葉の使い方にとても神経を使います。多くの日本人は普段まったく意識していないと思いますが、「神」と

「God」は全然違います。「ジャパンガイド」で神道の神様を表記するときは、「kami（Shinto-god）」といった表記をしています。ちょっと複雑ですね。現在は、「deity」という単語も使っています。

いずれにしても、神社仏閣の来歴や仏教の宗派などについて、どうやったら外国人観光客に向けて簡潔にわかりやすく説明できるか、私はいつも考えています。少しでも知識があると、その寺社が日本人にとってどんな意味を持っているのか、日本人の宗教観も含めて、理解と味わいがぐんと深まるからです。私もまだまだ勉強しないといけません。

神社でも、あいさつをしたい

寺や神社などの建物が大好きな欧米人の中にも、見に行くのはともかく、お参りすることにはとまどいを感じる人が多いです。「私は仏教徒ではないので合掌はしない」という外国人もいます。それはそれでいいと、私は思います。

私自身も日本を訪れて間もない頃は、お参りをしませんでした。信仰心の強さに関係なく、ひとつの宗教・宗派に所属する者が他の宗教の神に向かって祈るのは、非常に心理的な抵抗が強いものだと思います。それに加えて、私には恥ずかしさもありました。たとえば「二礼二拍手一礼」というような参拝のルールを知らないことも心理的なブレーキになっていました。

■入山に際し禊ぎを受ける、出羽三山。

しかし最近では、神社仏閣を訪ねたら「あいさつは、しておきたい」と思うようになりました。

少し前になりますが、鎌倉のあるお寺で紅葉の様子を撮影しようとしたときのこと。山門をくぐると、同時に来た二人の男性がすぐに撮影し始めたので、私もカメラを構えたら、近くにいたお坊さんに「まず仏様にあいさつするか、お賽銭をあげるかしてから撮りなさい」と言われました。私も以前からそういうことは気になっていたのですが、このときは日本人の男性たちが何もしなかったので、いいのかなと思いつつ、自分もしませんでした。

やがて日本の宗教や神社仏閣について少しずつ知識がついてくると、そこがどんな神様を祀っているのかがわかるようになり、状況に応じた対応ができるようになりました。

出羽三山の月山や湯殿山のように非常にスピリチュアルな場所では、入山するために禊《みそ》ぎや祈禱を受けなければいけないことがあります。出羽三山は、決して多くの外国人観光客が訪れる場所ではありませんが、訪問した人の満足度はとても高いです。ただ、その特殊性から、万人に勧められる場所でもありません。宗教は非常にデリケートな問題ですので、「ジャパンガイド」の中でも、こうしたルールはきちんと紹介し、解説しています。

シンプルな神社、派手な神社

私は木や山や岩などに神が宿るという神道の考え方が好きです。大自然の中でスピリチュアルな経験をすると、特別な思い出になります。

以前、大分県の九重で、霧の日に山を歩いたことがあります。一面真っ白で何も見えない中、「もしかしたら道に迷ったかも」と不安になりながら、二時間三時間と歩き続けました。そして山頂に到着した瞬間、急に霧が晴れて、見渡す限りの絶景が目に飛び込んできたのです。それはものすごく感動的な出来事でした。自然のパワーを感じ、しばらくはただただ景色を眺めていました。

伊勢神宮にも、私はとてもスピリチュアルなものを感じます。何度も訪問していますが、いいですね、あの雰囲気。外国人も「パワースポット」には興味があります。伊勢神宮へ行くと、「ここには何か特別なものがあるのではないか」という気持ちになります。ミシュランのグリーンガイドも、伊勢神宮に三つ星をつけています。

ただ、伊勢神宮は、外国人から見ると「シンプルすぎる」と感じられるのも事実です。「メインの建物がほとんど見えないじゃないか」という感想を、よく聞きます。私からすれば、あのシンプルさこそが神道の魅力なのですが。

神道や仏教に特別な興味を持っていない外国人には、やはり「わかりやすいアーキテクチャ」が人気です。派手で凝った装飾の日光東照宮や、建物が金箔で覆われている金閣寺などが、その典型です。

歌舞伎、相撲。私が愛する日本のエンターテインメント

衣装や動きだけ見ても楽しめる、歌舞伎

日本の魅力を語るとき、伝統文化や芸能を忘れてはいけませんね。

日本の伝統文化や芸能が好きな外国人も多いです。もちろん私もそのひとりです。

たとえば歌舞伎。歌舞伎座のエキゾチックな建物も含めて、とても魅力的ですね。あの歌舞伎座が建て替えられると聞いたときはどうなることかと思いましたが、伝統的な外観を残し、内部の雰囲気もほとんど前と同じで、うれしくなりました。地下にある木挽町《こびきちょう》広場も、モダンとトラディションがうまくミックスされて、いい空間になったと思います。

ジャパンガイド社では、旧歌舞伎座の時代と新歌舞伎座ができてから、社員研修を兼ねて、全員で歌舞伎鑑賞会を行いました。それがきっかけで、私は年に数回、妻と歌舞伎を見に出か

■新しくなった歌舞伎座。

けるようになりました。

歌舞伎には英語のイヤホンガイドがありますから、外国人でも問題なく楽しめるのがいいです。歌舞伎は、たとえば衣装や動きだけを見ていても楽しめます。伝統芸能としては、外国人にとって非常にハードルが低いエンターテインメントだと思います。

ちなみに「ジャパンガイド」の社員に人気がある役者は、市川海老蔵です。あの迫力ある声と顔、ものすごくインパクトがあります。

私は中村勘九郎・七之助兄弟も好きです。もともとお父さんの勘三郎さんが好きで、生前、浅草・隅田公園の「平成中村座」も観に行きました。亡くなられたときは本当にショックで、残念に思いました。だから中村兄弟は、ずっと応援したいのです。

それから坂東玉三郎の美しさには、本当に驚かされます。若い役者の隣に立ってもまったく年の違いが感じられないのは、奇跡のようです。歌舞伎も素晴らしいですが、玉三郎と有名な和太鼓グループ「鼓童」とのコラボレーションによる「アマテラス」を観たときには、鳥肌が立ちました。ちょうど天の岩戸神話を読んでいたときだったので、より感動しました。

歌舞伎座へ行くと思い出される、スイスのオペラハウス

地方へ行くと、昔ながらの芝居小屋や歌舞伎劇場が残っています。香川県の旧金毘羅《こんぴら》大芝居（金丸座《かなまるざ》）は素晴らしかったです。ここはひとりでも内部を見学できて、木で造られた回り舞台の仕組みなど、まるで迷路のようなバックステージを見ることができます。丁寧に手入れされた古い木造建築は、独特の趣がありますね。お隣の愛媛県の内子座《うちこざ》も見学しました。こちらも見事でしたが、一部コンクリートで補修されている部分があって、それだけが残念でした。それでも、約百年前の木造建築を、実際に使用しながらオリジナルに近い形で保存し続けるのは、大変なことなのだと想像します。

歌舞伎とオペラ、東京の歌舞伎座とオペラハウスには、何か共通するものを感じます。チューリヒにも、一八九一年再建の素晴らしいオペラハウスがあります。私の母は大の音楽好きなので、私も子どもの頃からたまに連れて行かれました。ここ数年は、年末にスイスに帰省した

際の母からのクリスマスプレゼントが、ここでのオペラ鑑賞です。

歌舞伎座を訪れると、私は故郷のオペラハウスを思い起こします。とてもゴージャスな内装と、社交の場としての華やかな雰囲気がよく似ているのです。金丸座などの地方の歌舞伎劇場も、きっと同じような役割を担ってきたのでしょう。そこで見る歌舞伎は、あの立派な歌舞伎座で見るのとは、かなり違った味わいがあるのでしょうね。

若貴時代からの、大の相撲ファン

もうひとつ、私を含めて外国人に大人気なのが、相撲です。私は若貴時代からの相撲ファンですが、最近はヨーロッパ系の力士も増えていますので、その点でも相撲を身近に感じる外国人は増えていると思います。

一九九六年の訪日のとき、私は初めて国技館に行きました。ある力士の引退相撲を観たのですが、そのときから相撲に興味を持ち始めました。バンクーバーではNHKの大相撲中継が放映されていたので、毎場所、熱心に観るようになり、力士の名前や決まり手などもどんどん覚えていったのです。

一九九八年にバンクーバーでの「カナダ場所」の開催が決まると、妻が私のために早々にチケットを取ってくれました。

■相撲の朝稽古の最中は「おしゃべり禁止」だ。

いやぁ、面白かったですね。ちょうど若乃花が横綱になったばかりで、貴乃花や曙、武蔵丸、貴ノ浪など、強くて華のある力士がたくさんいました。目の前で見る力士の大きさや取り組みの迫力に圧倒され、ますますファンになりました。

日本へ移住してからは、何度か国技館へ出かけました。歌舞伎座と同じように、国技館という空間がすでに非日常でエキゾチックです。

本場所は、朝早くからやっています。私は一度だけ午前中から出かけて、まだ身体の小さな序ノ口や序二段の力士たちの取り組みを見たことがあります。十両が始まるまでは人も少ないので、館内を探検するように歩くのも面白いです。国技館の入口に陣取って、場所入りする力士を間近で見るだけでも楽しいです。

取り組みが進んできたら腰を落ち着けて、国技館名物の焼き鳥を食べながらお酒を飲んで、ほろ酔い加減で相撲を見ます。びん付け油の独特の香りも、ナマならではの楽しみです。それから土俵上で、力士の頭と頭がぶつかり合う音の大きいこと。ただ太っているのでなく、本当に鍛えられているのだということがわかります。呼び出しの声、場内アナウンス、「のこったのこった」の行司の声も、印象的に耳に響きます。

そう考えると、相撲は五感で楽しめるエンターテインメントですね。

忘れられない相撲部屋での朝稽古ツアー

一度、ある相撲部屋の朝稽古を見学するツアーに「ジャパンガイド」のスタッフ全員で参加したことがありました。あれは非常に面白かったです。

目の前で、力士たちが泥まみれになって稽古をします。親方の怒鳴り声と、肉体がぶつかる鈍い音が飛び交います。見ている私たちはあくまでも部外者なので、おしゃべりは禁止。じっと座って見ていなければいけません。そんな厳しいルールも含めて、とても新鮮な異文化体験でした。

「ジャパンガイド」では、年末になるとスタッフ各自が「今年印象に残った観光地・体験」トップ一〇のランキングを発表します。その年は、三人のスタッフ全員が朝稽古をベスト三に入れていました。

朝稽古は特別ですが、大相撲の本場所や歌舞伎座公演はチケットのインターネット販売が整備されて、昔に比べて格段に購入しやすくなりました。日本相撲協会も歌舞伎座も英語のサイトを用意しているので、海外からの旅行者も情報を入手しやすい環境になっているのは、うれしいことです。

「間」を味わうことも、日本文化の楽しみ方のひとつ

日本のプロ野球をわざわざ見に来る外国人もいるようです。メジャーリーグとはまったく違う、鳴り物入りで球場全体が一体化したような応援風景が独特なのだそうです。残念ながら私は野球文化と無縁のスイス人なので、野球にはあまり興味がありません。

そういえば、この文章を聞き書きしてくれたSさんと歌舞伎や相撲について話をしたとき、Sさんは「日本人は〝間〟が好きなのだ」と言っていました。

「相撲の仕切りと、ピッチャーがキャッチャーとサイン交換する間は似ているし、緊張と休憩を繰り返しながら長い時間をかけて試合を見るのも似ている。歌舞伎も相撲も寄席も、日本の伝統的なエンターテインメントは、半日がかり、一日がかりで楽しむものが多い。サッカーより先に野球が日本に根づいたのは、日本の国民性に合っていたからではないか」と。

歌舞伎では幕間にお弁当を食べたり、買い物をしたり、芝居以外の時間も楽しんでいますね。

相撲の勝負は一瞬で決まることが多いですが、その前にゆったりと仕切りを繰り返すのも、考えてみれば面白いやり方です。

歌舞伎や相撲を見ていると、昔の日本の人たちはのんびりしていたのかな、と思います。日本に限らず、昔はエンターテインメントの種類が少ないので、ひとつのものを時間をかけて楽しんだのでしょう。現代人は、少し忙しいかもしれないですね。

第4章

四季を訪ねる

桜、紅葉、祭り　自然に寄り添う暮らしの魅力

桜の命と花見が教えてくれた、日本人の感性

散る姿を見て、初めて理解した桜の魅力

私が妻とともに初めて日本を訪れたのは、一九九六年の三月でした。当時はまだ結婚前。彼女は私に日本らしい風景を見せたいと、あちこちに桜を見に連れて行ってくれました。けれど私は、その価値がまだよくわかっていませんでした。

もちろん満開の桜は美しいです。でも、それを見に集まる人の多さといったらどうでしょう。それと、桜の下で宴会が行われていることも、私には少し不思議に感じられました。

けれど、妻から桜の見ごろはわずか一週間ほどであることを聞いて驚きました。実際、一週間もすると桜はいっせいに散り始め、葉桜になってしまったのです。それは本当にあっという間でした。私はもっと長く咲いているものだと思っていたのです。「そうか、だから日本の人

たちは、この短い期間をいとおしむように桜を楽しむのか」と、そのとき私はようやく納得しました。

そして、これはあとから知った言葉ですが、散りゆく桜を雪にたとえる「桜吹雪」や、水面に散った桜の花びらに「花筏《はないかだ》」などの美しい名前をつけ、桜が散ってゆく最後の最後まで思いを込めて見届ける日本人は、本当に優しい人たちなのだと思いました。

桜の季節は、非常にインテンシヴ（集中的）です。だからこそ日本人は桜を愛し、四季を大切にするのだなと、そのときはまだなんとなくですが、理解できた気がしました。

カナダで桜を追いかけ始める

日本の桜とお花見文化に興味を持った私は、一九九九年から住まいのあるバンクーバー各地を自転車で走り、桜を観察し始めました。

妻は以前からバンクーバーの桜を楽しんでおり、私の母校である州立ブリティッシュ・コロンビア大学から出版されていた「Trees of Vancouver ── A Guide to the Common and Unusual Trees of the City」という本を持っていました。それには、市内のどこにどんな種類の桜があって、いつ満開になるのか、全部書いてあったのです。

私は本を頼りに桜を訪ねては、つぼみの膨らみ具合を毎日のようにチェックしていきました。

当時はまだ大学生でしたので、自由になる時間がたっぷりあったのです。

自然観察の難しいところは、一年見ただけでは何もわからないことです。

当時の私は桜の種類も詳しく知りませんし、どの桜が早咲きで何が遅咲きなのかも知りませんでした。桜について勉強しましたが、本から学べるのは基礎的なことだけで、実際の桜は教科書通りには咲いてくれません。当たり前ですが、一九九九年の桜の咲き具合と二〇〇〇年とでは、開花の時期も満開の期間も違うのです。本を読んで基礎知識を学んだら、あとは地道に観察し続けるしかありません。

幸い、コツコツと積み重ねるタイプの作業は嫌いではありません。私は主要な桜を選んで観察を続け、サイト上に写真入りでダイアリー(今でいうブログ)を掲載していきました。

二〇〇三年に日本で暮らし始めるまで、私はバンクーバーの桜を観測し続けました。そのおかげで、私は桜の種類と開花時期に詳しくなりました。最近では、つぼみの様子を見れば、あとどれくらいで咲きそうか、小さな誤差で予測できるようになりました。

二〇一四年には、ニュースで日本各地の桜情報を見て、それと週間天気予報の予想気温を組み合わせることで、開花してから満開までが何日間かを予想するシステムをつくり、より正確に満開の日を予想できるようになりました。

なぜ私がそこまで桜にこだわるのかというと、「ジャパンガイド」にアクセスする世界中の人々が、桜の開花情報を心待ちにしているからです。

桜の開花情報は、世界の人気コンテンツ

二〇〇九年から、「ジャパンガイド」は桜の開花情報を世界に発信しています。今では三月から五月にかけての桜情報は、「ジャパンガイド」で最もアクセスの多いコンテンツのひとつとなっています。私とスタッフは毎年、春になると桜を追いかけて日本列島を縦断します。全員で手分けして主要な地域の桜を取材・撮影し、その様子を数カ所同時にレポートしています。

海外からの旅行者にも、桜は大人気なのです。

欧米ではイースター休暇があるため、三月~四月は夏休みより多くの人が来日する一大旅行シーズンとなります。どんな旅行ガイドにも「桜が咲く日本」の写真は間違いなく掲載されていますので、この時期に日本を旅する外国人は、ぜひ桜を見たいと考えます。「〇月〇日から△日まで、××を旅するのだが、どこで桜を見られるか?」という旅行者からの問い合わせは、もはやサイトの風物詩と言っていいくらいです。前年の夏頃から質問してくる人もいます。

質問に答える側としてありがたいのは、日本では同じ地域でも桜の開花時期が微妙に違うことです。だから質問者の行動予定に合わせて、複数の選択肢を提供できるのです。

「東京で桜を見逃したら」の情報も発信し、好評

二〇一三年に宮城県の白石川堤《しろいし》へ「一目千本桜」を取材に行ったとき、マレーシアから来たというカップルに会いました。その年は桜の開花が例年よりかなり早く、彼らは「東京の桜はもう終わっていたので、ここに来ました。きれいですね。来てよかった！」と満足げに話してくれました。

このことをきっかけにして、サイト内に、「東京で桜を見逃したら（http://www.japan-guide.com/e/e3050_late.html）」「京都で桜を見逃したら（http://www.japan-guide.com/e/e3951_late.html）」というページも作りました。せっかく春に日本を訪れたなら、桜を見てほしいですから。来日してからこのページを見て、観光予定を組み直す人もいるようです。

ちなみに東南アジアからの旅行者の中には、桜に限らず「日本で花を見る」ことを楽しみにしている人が想像以上に多いです。同じアジアでも、熱帯に近い国と日本とでは見られる花がまったく違いますからね。

日本は、植物園へ行かなくても、季節の花を楽しめる場所がたくさんあります。中には花を目的に日本へやって来る人もいるようです。

外国人には「お花見文化」が珍しい

海外からの旅行者が「桜を見たい」と言うとき、もうひとつ面白い要素があります。彼らは桜の花そのものも好きですが、「お花見する日本人」を見るのも大好きなのです。そして自分も参加したいと思っています。

私が妻に花見に連れ出されたとき、賑やかな宴会を不思議に感じたと言いました。カナダでも、桜の下でピクニックをするグループを見たことはあります。しかし、たとえば上野公園のように、ありとあらゆる桜の下で宴会が行われているような風景は、海外ではまず見られません。「それが面白い」という外国人が、とても多いのです。

日本人はおとなしく真面目、というのが世界共通のイメージです。私も日本に来るまでそう思っていました。ですから、普段は物静かで感情を表に出さない日本人が、桜の下でお酒を飲んで大騒ぎをする、そのギャップが外国人には興味深いのです。公共の場では飲酒ができない国も多いですから、外であんなに多くの人が楽しげに酔って、騒いでいる光景そのものが珍しいのです。

外国人は、日本のお祭りも大好きです。お祭りについてはあとで詳しく触れますが、お花見はお祭りと似ているのではないか、という気がします。花を楽しみ、花を見ながら宴会をして

■白石川堤の一目千本桜。

いる日本人の姿を楽しみ、さらに屋台でお酒や食べ物を買って自分もお花見に参加できる。旅行者にとって、これは楽しい思い出になります。

お花見文化まで含めて、外国人は日本の桜を楽しんでいるのです。

被災地の桜をレポートして、毎年世界に発信

同じ桜でも、東日本大震災の被災地の桜には特別な印象があります。

私は震災直後に被災地を訪問しました。それはちょうど桜が咲く季節でした。大きな被害を受けた直後の町で、桜はいつものように美しく咲いていました。

石巻の丘で見た満開の桜。陸前高田《りくぜんたかた》や気仙沼《けせんぬま》で、瓦礫が引っ掛かったり枝が折れたりしながらも、花を咲かせていた桜。会津若松の城下で

眺めた桜。それは言葉では表現できない、とても複雑な気持ちをかきたてる光景でした。悲しいもあります。きれいもあります。残念もあります。

あの思いを、私は忘れないでいたいと思いますし、世界にも覚えていてほしいと思います。だから「ジャパンガイド」の桜情報の中では、今も被災地の桜の様子を必ず伝えています。春と秋の被災地レポートは、私の使命だと考えています。

私が選ぶおすすめの桜スポット第一位は、弘前公園

先日、「ジャパンガイド」のスタッフと、「これまで見てきた桜に自分の順位を付けたらどうなるだろう?」という話になりました。私はそれぞれの桜に思い入れがありますし、日本には素晴らしい桜が非常に多いです。ですから「ツーリストにおすすめしたい桜の名所」という観点でご紹介したいと思います。

第三位は、福島市の花見山公園です。ここは桜の見事さはもちろんですが、他にもたくさんの花がいっせいに咲きそろって実に見事なのです。一軒の農家が植えた桜が広大な公園にまで育ったという歴史や、震災後も変わらぬ花を咲かせる桜の力強さなど、心に響いてくる場所です。

第二位は、奈良県吉野町の桜です。この桜に解説を加えるのは野暮というものですね。古今

集の時代から愛されている桜が今もこれほど美しいというのは、驚くべきことではないでしょうか。

そして第一位は、青森県弘前《ひろさき》市、弘前公園の桜です。この公園はとても広くて、約五〇種・二六〇〇本の桜があり、いくつかの花見スポットが集合してひとつになったような規模です。桜の多さだけでなく、美しい城を背景にした桜や堀に舞い散る桜などシチュエーションも多彩。ボートレンタルもできますし、桜のトンネルもあり、夜のライトアップも行っています。「桜のテーマパーク」と言っていいほど、多種多様な桜が見られます。早咲きの桜から遅咲きの桜まで、たくさんの桜が楽しめるのです。パンフレットによれば日本一古いソメイヨシノや、日本一太いソメイヨシノもここにあります。花見のスペースがたくさんあるので、大勢の人が訪れても混雑しすぎないところもよいと思います。

二〇一四年に訪ねた際には、紅白歌合戦のトリのような桜吹雪に包まれました。堀は花びらで埋まり、花筏どころか城内全体が桜色に染まっていました。数多くの桜吹雪を見てきた私にとっても、これは最も見事なシーンでした。

もうひとつ、私が単独の桜で日本一だと思うのは、福島県の三春町《みはるまち》にある滝桜です。これはソメイヨシノではなくしだれ桜で、樹齢一〇〇〇年以上と言われる古木です。

とにかくその姿形が美しい。パーフェクトです。初めてここを訪れたとき、私は一時間かけて周囲三六〇度の写真を撮りました。見る角度によって味わいが変わり、それぞれがいいのです。周囲はのどかな里山で、それもまた素晴らしいです。

満開の時期には、近くの高速道路の出口から大渋滞します。満車の駐車場を見て、私はまた日本人に感激しました。ナンバープレートが、まさに全国各地なのです。東北はもちろん、関東や中部、関西や九州のナンバーもあります。どんなに美しいとはいえ、一本の桜を見るために、何時間も車を走らせる。こんなこと、他の国ではあり得ないと思います。日本人の桜にかける情熱には、脱帽です。

日本の皆さんは、それぞれが「マイベスト」の桜を持っているのではないでしょうか。桜は、日本文化の象徴だと、私は思います。

紅葉の山と禅ガーデンが教えてくれた、わびとさび

紅葉狩りという美しい伝統

春の桜とともに、秋の紅葉も、外国人に人気の高い観光要素です。外国人には、「日本の夏は暑すぎる」という認識があります。ですから日本を旅するなら春か秋がベストシーズンで、秋に訪れるなら紅葉も楽しみたいと考えます。「ジャパンガイド」では、二〇〇八年から紅葉レポートを始めました。今では秋恒例の、人気の高いコンテンツとなっています。ただ、桜に比べるとアクセス数は二分の一ほどです。それだけ桜の人気が高いとも言えます。

紅葉そのものは、他の国でも見られる光景です。私の故郷スイスでも、秋には山が色づきます。スイスの場合は、紅葉よりも黄葉が主になります。思い出をたどってみると、それは確か

に美しい光景でした。子どもの頃は秋になると山へ行って、きれいな落ち葉を拾い集めて遊んだものです。秋の色やにおいが、私は大好きです。けれど紅葉を観賞する、楽しむという感覚は、子どもの頃の私にはほとんどありませんでした。

カナダの紅葉はとても有名です。ただ、私が暮らしていたバンクーバー周辺は針葉樹林が中心で、カナダ国旗にも見られる赤いメープルは、東部の「メープル街道」のほうが有名でした。

いずれにしても、紅葉に興味を持つようになったのは、日本へ来てからのことです。

日本に紅葉狩りという風習があるということは、以前から本で読んで知っていました。後に日本でお花見を目にしたとき、私は「紅葉狩りは、秋のお花見のようなものかな」と思いました。桜の美しさを味わう日本人は、紅葉の美しさも愛するのだろうと思ったのです。

禅と日本庭園と紅葉

紅葉といえば、私はまず大自然の中の光景が思い浮かびますが、日本には庭園の紅葉を楽しむ文化もあるようです。日本庭園には、モミジなど紅葉する木が植えられていることが多い気がします。

私は専門家ではありませんが、日本庭園は四季の変化をとても意識していますよね。季節や自然を凝縮して、ひとつの庭にぎゅっと閉じ込めたような趣を感じます。

■竜安寺の石庭は「Zen Garden」として根強い人気。

静かな日本庭園を鑑賞していると、なんとなく禅に結びつくイメージがわいてきます。庭園で、わび・さびを体感したような気持ちになる外国人は多いと思います。

禅の思想は世界的に有名で、日本といえば禅をイメージする外国人も少なくありません。禅に惹かれて来日する外国人はたくさんいますし、わび・さびの味わいを愛する外国人も多いです。

日本庭園を、英語でZen Gardenと呼ぶことがよくあります。日本庭園にもいろいろな種類がありますが、多くの外国人は日本庭園と聞けば禅をイメージします。

観光地としての日本庭園も、非常に人気が高いです。私は京都・醍醐寺の三宝院で初めて日本庭園を見て、とても感動しました。京都の竜《りょう》安《あん》寺に行く外国人観光客はたいへん多いです。島根県にある足立美術館の日本庭園は世界でも有名です。

「ジャパンガイド」でも、金沢・兼六園、水戸・偕楽園、岡山・後楽園の日本三大庭園は、常にアクセス数が多いです。

桜の取材と紅葉の取材の大きな違い

桜と紅葉の取材は、今では「ジャパンガイド」の大事な季節行事のようになっています。

桜前線は南から北へ、紅葉前線は北から南へという違いだけで、あとは同じように取材して記事を書くと思われるかもしれませんが、実はこのふたつ、取材の仕方が少々違います。

桜の状況は、咲いているか咲いていない（開花していない）かのどちらかなので、はっきり目に見えるその様子をレポートすればよいのです。そして咲いている状態はパーセンテージ、つまり「○分咲き」などの数字で伝えることができます。

したがって、レポート自体はどちらかというとシンプルで書きやすいのですが、開花から満開までの期間が短いので、全国の桜のその期間を予測して取材プランを立てるのがとても大変です。たとえば、九州から関東までの主な桜スポットは、全部でほぼ二週間以内に開花期間が終わってしまいます。その後、東北から北海道の札幌まで足を延ばしても、トータルで一カ月半ほどです。

しかし、紅葉は違います。だんだん色が変わっていくので、どこが見ごろのピークか、判断するのが難しいのです。その年の気候によって、もしかしたら昨年ほどは赤くならないかもしれないし、逆に赤さがどんどん増していくかもしれません。その見極めが難しい。

ただ、山にも街にも紅葉スポットがあり、北海道の大雪山から始まって、東京の六義園《りくぎえん》で紅葉が見られる十二月中旬まで、約三カ月の期間があるので、取材スケジュールを決めるのは桜よりも楽です。

これらは長年、桜と紅葉の取材を続けてきたからこそ気付いたことです。こうした発見を、これからも季節のレポートに活かしていきたいと思っています。

祭りという異空間の快感

故郷チューリヒの奇祭・セクセロイテンと日本の祭り

お花見や紅葉狩りは、一種のお祭りかもしれません。最近では、日本の祭りを見るためにやってくる外国人旅行客も増えています。私も日本の祭りは大好きです。

もちろん、祭りは世界中にあります。ヨーロッパでも、特に秋の収穫の季節には、町ごと村ごとに祭りが行われます。

私の故郷であるチューリヒには変わった祭りがあります。セクセロイテンという春の祭りで、毎年四月の第三日曜日に行われます。この祭りの目玉は、藁などで作られた大きな雪だるま（ベーグ）の爆発なのです。

街の中心部の広場には、積み上げた薪の上にそのベーグが置かれています。昼間は伝統的なコスチュームを着たギルド（職人組合）の人たちが街をパレードしますが、夕方近くなると多くの人がベーグを取り囲みます。そして午後六時になると、ベーグの下に積み上げられた薪に火が放たれます。ベーグの中にはいくつもの火薬が仕掛けられており、頭部にいちばん大きい火薬が入っていて、それが爆発するまでの時間が短いと、その年の夏はおだやかな気候に恵まれると言われています。

文字にするとあまり伝わらないかもしれませんが、大きな炎と爆音は迫力満点です。奇祭と呼んでもいいかもしれません。

しかし日本に来てみると、セクセロイテンと同じくらい派手で風変わりな祭りがたくさんあって驚きました。しかも、春夏秋冬、ほとんど一年中どこかで大きな祭りがあります。

秋田の竿燈まつりと青森のねぶたは、世界で人気

私がいちばん好きな祭りは、秋田の竿燈《かんとう》まつりです。

まず見た目が素晴らしい。灯りのともった提灯《ちょうちん》をたくさんぶら下げた長い竿《さお》が、夜空に何本もそびえたつ風景は、とても美しいです。さらに、それを操る人間の技術の素晴らしさ。肩、腕、腰、額と重い竿燈をのせ、バランスを取っていきます。

やっている人は、プロでもなんでもない普通の人です。地元の人が子どもの頃から練習を重

■竿燈まつりの持ち手とのふれあいも楽しみのひとつ。

ね、あんなワザを見せてくれる。素晴らしいことです。

祭りの最後にふれあいの時間があるのもこの祭りの良いところです。そこで私は竿燈を持ってみましたが、想像以上に重くてびっくりしました。あれを片手で持ち上げられる自信は、私にはありません。

竿燈はパレードの列が長いので、有名な祭りの中では比較的席も取りやすく、平日なら旅行者にも見学しやすい点が魅力です。とはいえものすごい人出ですから、それなりの覚悟をして出かける必要があります。私の場合、どの祭りも見るのはいつも取材撮影のためで、「いい場所を確保しなければ」と考えてばかりで、それがとてもストレスです。

同じ東北の祭りでは、青森のねぶたも外国人から非常に人気が高いです。

ねぶたの迫力はすごいです。最初に見たときは、あまりの大きさに驚きました。しかもそこに描かれている絵が日本の神話やサムライたちの姿で、あれは外国人からすると非常にエキゾチックです。

そして音です。「ラッセラー、ラッセラー」というハネトたちの掛け声。最近は、衣装をレンタルしてハネトとして祭りに参加する外国人も増えています。どんなイベントも、参加すると楽しさは何倍にもふくれあがります。

福岡の博多祇園《ぎおん》山笠も感動的な祭りでした。水法被《みずはっぴ》に締め込み姿の男たちに、滝のように水を掛けます。勇壮で迫力満点です。岐阜県の高山祭や、徳島県の阿波おどりも人気です。どれも日本を代表するような祭りですから、外国人にも人気が高くて当然ですね。

新潟県・十日町雪まつり、手作りの魅力

ねぶたや竿燈のようなダイナミックな動きのある祭りと並んで、常に外国人旅行客からの高い人気を誇っているのが、さっぽろ雪まつりです。

東南アジアや南半球など、雪のない国の人にとって、日本の雪景色はそれだけで魅力的です。雪を見るために日本へ来る旅行者もいて、そういう人たちにとって雪が主役の祭りは最高のイベントなのです。私の実感では、さっぽろ雪まつりの観客の三分の一は外国人ではないでしょ

うか。

私自身は、雪まつりを初めて見たとき、それぞれの雪像にスポンサーが付いていることに少し違和感を持ちました。コマーシャリズムは必要とはわかっていますが、少々行き過ぎのような感じがしたのです。しかし今では、あれだけの雪像を毎年作るのにも、お祭りを維持するのにも、スポンサーは不可欠だろうと理解しています。

全国に雪祭りはたくさんありますが、私は新潟県十日町市の雪まつりが心に残っています。十日町は日本でも有数の豪雪地帯ですが、雪を負担に思うのではなく「雪を友とし、雪を楽しむ」という発想から、なんと六〇年以上前の一九五〇年に始まったそうです。さっぽろ雪まつりと同じ年です。

商店の店先に小さな雪像や雪だるまが飾られていたり、無料で甘酒が振る舞われたり、本当に手作り感にあふれていて好感が持てました。

私はさっぽろ雪まつりも好きですが、このローカルな雰囲気と、コマーシャリズムがあまり感じられないところが、十日町雪まつりの魅力だと思います。

最近は「ジャパンガイド」に寄せられる質問でも、「大きな祭りでなく、小さい祭りが見たいのだが、どこでやっているか？」という質問が増えています。

これはすべての日本観光に共通することですが、外国人は「リアルな日本・日本人が見たい」と思っています。お祭りは、「ジャパンガイド」のアンケートでも非常に満足度が高いのですが、それは出し物の魅力だけでなく、そこで日本らしい日本に出合えるからなのだと思います。

お花見のところでも書きましたが、普段は寡黙な日本人が大声で話し、笑う姿を見るのも、外国人観光客の楽しみのひとつです。そしてその輪に加わることができれば、旅行者には忘れられない思い出となります。

和太鼓体験が教えてくれた日本

実は、私は来日してから十年以上にわたって、地元の「藤岡市民太鼓」という和太鼓グループに妻と参加しています。二〇〇一年に結成されたグループで、下は小学生から上は六〇代まで約四〇名が在籍しています。けっこう本格的な活動をしていて、地域の祭りやイベントで太鼓を叩くだけでなく、年一回、市のホールでコンサートも行っています。前回のコンサートでは、終演後に「感動しました」と泣きながら握手を求めてきた方がいて、私たちのほうが感動してしまいました。

もともと、地元出身である妻の妹がグループ創設時からのメンバーで、私も「日本文化のことを知りたい、体験したい」と思って加わりました。そして見事にハマりました。コンサートなどでの演奏時には、自分でサラシを巻き、衣装を着て、手甲《てっこう》に鉢巻き姿で叩いています。サ

ラシと鉢巻きをギュッと締めると、やはり身が引き締まります。とても心地よい緊張感です。
和太鼓が好きな理由は、シンプルだからです。音階ではなく、太鼓の種類による音の違いとリズム、強弱などで表現します。同じ打楽器でも、ドラムと違って木などのナチュラルな素材で作られているところも好きです。太鼓自体がきれいですし、叩く姿はかっこいいと思います。
私は音楽が大好きですが、子どもの頃にバイオリンとピアノを習わされたけど長続きしなかった、その程度の音楽経験しかありません。しかし太鼓はもう十年以上も続いています。もちろん最初はうまく叩けませんでしたが、毎週習い続け、家でも地道に練習することで、だんだんと叩けるようになりました。上達するのはうれしいですし、練習に集中していると仕事の疲れも忘れられ、ストレス解消にもなります。和

■藤岡市民太鼓のステージでは、筆者も和太鼓を演奏する。

太鼓はとても体力を使いますので、音楽というよりスポーツに近いかもしれません。

私たちが使っている和太鼓には、いくつかの種類があります。自分の身長より大きく、直径四尺一寸（約一二七センチメートル）もある大太鼓。祭りでよく見かける樽型の長胴《ながどう》太鼓や桶《おけ》胴《どう》太鼓。そして主に座って叩き、早いリズムを演奏する締《しめ》太鼓などです。

藤岡市民太鼓では、自分でどんどん、いろいろな太鼓に挑戦することができます。私も複数の種類の太鼓を叩いています。それぞれの太鼓の音が組み合わさってひとつの曲を作り上げていく、そのプロセスも楽しいです。そしてみんなでコンサートを成功させると、大きな達成感があります。

私にとって、日本独自の和太鼓という楽器を通して、日本人の仲間たちと心を通わせられることは、ことのほか大きな喜びになっています。

歴史ある地元の「藤岡まつり」に参加

和太鼓グループとは別に、私は地元で夏に行われる「藤岡まつり」にも参加しています。とても古い歴史を持つ祭りで、屋台（山車《だし》のこと）や神輿《みこし》が出て、たいへん賑わいます。屋台は市内の諏訪《すわ》神社と富士浅間《せんげん》神社の氏子区域の町内が所有しており、全部で一三台あります。そして祭りの初日には、氏神であるそれぞれの神社に集結し、お祓いを受けて出発するのです。

この祭りには、非常に価値のある宮神輿も登場します。

藤岡市は江戸時代から大きな絹市が開かれており、当時、三井越後屋（現在の三越）が店を構えていたそうです。三井越後屋は、良質な藤岡絹を主力商品とした商売で成功したと言われ、そのお礼にと、一七八〇年（安永九年）、日本橋で作られた神輿二基を藤岡市の諏訪神社に奉納したのだそうです。それが現在も保存されていて、二〇一三年には東京の神田祭に参加。「二三三年ぶりにお神輿が日本橋に里帰りした」とニュースになりました。この宮神輿は、毎年、藤岡まつりでも担がれています。

藤岡に絹市が立っていたことは、この地域で養蚕《ようさん》が盛んだった証拠でもあります。お隣の富岡市にある富岡製糸場も、原料の繭が確保しやすいという立地条件のひとつが満たされているので、工場地候補に選ばれたと言われています。

祭りを〝する側〟になってわかったこと

妻の実家がある町内は立派な屋台を持ち、私も引き手・叩き手として参加させてもらえるようになりました。聞くところによると、その屋台は大正時代に作られたものだそうで、現在ではそのまま屋台蔵に納めていますが、かつては祭りが終わると分解して蔵に仕舞い、祭りが来るたびに再び組み立てていたのだそうです。

七月になり、夕方、祭り太鼓の練習をする音がどこからともなく聞こえてくるようになると、なんだかワクワクしてきます。妻も子どもの頃から同様だったそうで、スイス人の私が今ここで同じ体験をしているのが不思議に感じると話していました。

私も町内のお囃子《はやし》の練習に参加しつつ、本番の日を待ちます。

直前に蔵から屋台を出し、みんなで大掃除をすると、いよいよという気持ちが盛り上がってきます。そして祭り当日、揃いの衣装を着て、町内の子どもたちや同年代の人たちと数時間、屋台を引いて練り歩きます。最後は商店街の中心にある交差点に、一三台の屋台が集合。すべてのお囃子が入り混じって、ものすごい響きになり、私たちの気分も最高潮に達します。

やがて祭りが終わり、人々が帰り始める頃、私たちは屋台を引いて静かな裏通りを神社に向かいます。無事に蔵の中に屋台を納めると、ホッとしたような寂しいような気持ちになります。

このように最初から最後まで、日本の祭りを〝する側〟の体験ができるようになるとは、夢にも思っていませんでした。祭りを通して神事に触れることができ、ご近所の方々との交流も深められます。この環境には本当に感謝しています。

こうして祭りに深く関わると、年に一度の祭りに備えて日々練習する秋田竿燈まつりの担ぎ手の気持ちや、阿波踊りの連《れん》の人たちの気持ちが、祭りの規模は全然違うものの、なんとなくわかる気がします。

細やかに季節を感じながら、普段は静かに生活する。そして祭りという大きなハレの日に、大いに飲んで叫んではじける。

日本の文化にも国民性にも、この国の鮮やかな四季と祭りが大きく影響している気がしてなりません。

第5章

土地を訪ねる

食、温泉、鉄道　日本を旅する極上の愉悦

居酒屋、ラーメン、納豆に梅干し。日本の食をまるごと味わう

外国人は、日本の居酒屋が大好き

日本を旅する楽しみの大きな要素が、食べ物です。「ジャパンガイド」に寄せられる質問でも、食べ物に関するものは多く見られます。日本の料理は、外国人旅行者にとって、とても大きな関心事です。

今、外国人観光客の注目を集めている日本の「食」に、居酒屋とラーメンがあります。

私もそうですが、居酒屋が好きな外国人は非常に多いです。手頃な値段の料理が豊富にあって、それをみんなでシェアしながら食べられます。店によっては、刺身も唐揚げも焼き魚もお茶漬けも注文できます。これだけバラエティに富んだ料理をあれこれ食べられるシェアというスタイルは、外国人には大きな魅力です。前菜〜メイン〜デザートといった形式を気にする必

■弘前の津軽三味線のライブが楽しめる居酒屋にて。

要もありませんから、気楽でもあります。

居酒屋には、大きく分けると、チェーン店と単独のお店があります。チェーンの居酒屋では、メニューに写真が掲載されているのも、わかりやすくていいです。最近は英語入りのメニューを置いている店も増えてきましたが、日本の料理を単純に英語に訳しても、どんな料理か想像できないことが多いのです。その点、写真があれば一目瞭然です。

しかも、チェーンの居酒屋は比較的安いです。外国人には、「日本の料理・レストランは高い」というイメージがあります。でも居酒屋なら単価が低く、安心していろいろ頼むことができて、とてもうれしいです。

ただ、私のようにローカル（地元）やシーズナル（季節感）にこだわるなら、単独の居酒屋のほうがおいしい旬のメニューをそろえていると思います。

料理以上に楽しいのが、居酒屋の雰囲気です。あのガヤガヤした楽しげな雰囲気は、ちょっとお祭りのようです。そういえば、店員の皆さんが法被《はっぴ》を着ている居酒屋もありますね。お酒を飲むと、おとなしい日本人がまるでイタリア人のように陽気になります。外国人にとっては、居酒屋という活気ある「場」が楽しいのです。

それと「いらっしゃいませ」「ありがとうございました」と、すべての店員が大きな声を出して迎え、送り出してくれるのも、外国人には非常に印象的です。あの接客スタイルは、少し前まで海外ではお目にかかりませんでした。

先日、久しぶりにカナダのバンクーバーを訪れたところ、日本式の居酒屋が急増しているのに驚きました。店に入った途端に大声で「いらっしゃいませ！」と言われて、二度びっくりしました。スタッフには日本人だけでなく、地元カナダの若者もいました。「カナダ人のスタッフも、頑張って声を出しているね」と、妻も目を丸くしていました。なんでもないことのようですが、欧米人には、日本語で大声を出すのはちょっと勇気の必要な行為なのです。それだけ居酒屋という形態が世界でポピュラーになっている証拠だと思います。

ラーメンを食べるために、外国人が日本にやってくる

そしてラーメン。これも、ものすごく人気です。私のスイス人の甥っ子は、日本へ行ってやりたいことは「ラーメンを食べること」だと言っています。最近は海外の大都市に本格的なラーメン店が急増していますし、日本でラーメン店を食べ歩く外国人もいます。

私もラーメンは好きです。日本に来たばかりの頃は、毎日のようにラーメンを食べていた時期もありました。最近はすっかりあっさりしたものが好きになって、ラーメンよりは蕎麦《そば》をよく食べるようになってしまいましたが、一〇年前は機会があればおいしいと評判の店に足を運んでいました。

私の場合、スイスで「スープ＋ヌードル」という食べ物を食べたことがなかったのが大きいですね。後にインスタントラーメンが入ってきましたが、本格的なラーメンは日本で初めて食べました。

ラーメンの魅力は、「うま味」を手軽に楽しめることだと思います。世界の人々も、ようやく「だしのおいしさ」に気付いたのでしょう。

ひとつ面白いのは、多くの外国人は麺をすすって食べることができません。音をたてて食べることは、特に欧米では重大な食事マナー違反になるからです。私も日本に来てしばらくはメ

ンタルの壁があって、ラーメンも蕎麦もすすることができませんでした。今も街でラーメンを食べている外国人を見ると、多くの場合、音を立ててはいません。しかし、慣れると外国人でもすすることができるようになり、壁を超えることができます。すすったほうがスープの香りが鼻に抜け、より味わいが増すように感じます。

そしてもうひとつ、実は外国人が箸で食べにくいものの筆頭が、麺類なのです。特にうどん！　麺が重くて滑りやすく、最初はどうしても落としてしまいます。どんぶりに麺が落ちると、汁がスプラッシュして、非常に困りました。最も危ないのはカレーうどんです。

世界的なラーメン人気で、もしかしたら外国人の食事マナーも変わっていくかもしれません。食文化とは、面白いものです。

外国人は、旅館の朝食が大の苦手

外国人が苦手な食べ物というと、真っ先に納豆や梅干しが浮かぶかもしれません。これらは日本人でも苦手な人がいますから、初めて口にする外国人がおいしく感じないのは当然でしょう。世界中、どんな国に行っても、外国人がとまどう食べ物はあるものです。

ところが、皆さんが意外に感じる「外国人が困惑する日本の食べ物」があります。それは旅館の朝食です。これは梅干しなどとは別の意味で、特にヨーロッパ人には高いハードルです。

まず、量が多いのです。ヨーロッパ人の多くは、あまり朝からしっかり食事をとる習慣がありません。「でもホテルではしっかりした朝食が出るではないか」と反論されそうですが、ヨーロッパ型のコンチネンタル・ブレックファストは、コーヒーか紅茶とパンだけが基本です。日本旅館の朝食は、宿によってはちょっとした夕食ほど品数が出ます。しかも、温かいご飯、漬け物、焼き魚、納豆、生卵、味噌汁など、外国人には馴染みのない料理が多く並びます。このような内容に〝慣れていない〟ということが彼らの大きなハードルになっていると思います。朝食にはふだん食べ慣れているものを食べたいと思うものですから。

それでも私は、「ぜひ日本旅館を体験してほしい」と思っています。食べ物はもちろんですが、畳の部屋や布団、こたつなど、日本的なライフスタイルをまるごと体験できるからです。中には日本旅館の朝食を経験したくて、とても楽しみにしている人もいます。

海外からの旅行者にとって、日本旅館の宿泊費はかなり高価です。そのために安い素泊まりの宿を選ぶ人も多いのですが、私はあれだけ立派な夕食と朝食、そして温泉まで付いたら、逆にコストパフォーマンスが高いのではないかと思っています。

難しいあんこと味噌汁。意外な人気の抹茶とワサビ

私の経験から言うと、食べ物というのは、結局は「慣れ」です。好き嫌いは別にして、どん

な国にも外国人にとって「慣れやすい食べ物」と「慣れにくい食べ物」があります。

たとえば和菓子。平気な人はなんでもありませんが、小豆のスイーツは欧米にはありませんので、あの食感になかなか慣れない外国人が少なくありません。でも外国人は、抹茶味は大好きです。あと、なぜかワサビが好きな人も多いです。世界にはいろいろな香辛料がありますので、「香り」というのは案外慣れやすくて受け入れやすいのかもしれません。

豆といえば、外国人でもよく知っているのは大豆製品です。豆腐はすでに世界中でポピュラーな食べ物になっていますし、醤油（Soy Sauce）は豆腐以上に身近な存在です。しかし、なぜか味噌汁は、まだ外国人に人気がありません。ミソ・スープの名前は世界で有名なのですが……。もしかしたら、最初に外国で食べたミソ・スープがおいしくなかったので、その味の印象を引きずっている人が多いのかもしれません。

これも慣れの問題だと思います。なぜなら、それに似た経験をしている私が、今では何よりも味噌汁が好きだからです。

私の場合、最初からほとんど味噌汁に抵抗がありませんでした。しかし、初めてカナダで口にした味噌汁は決しておいしいものではなく、その後も何度か食べる機会はあったものの、当時は絶賛するほど好きだったわけでもありません。それが日本に定住して毎日口にするうちに、それはもう大好きになりました。最近はスイスにしばらく帰省していると、無性に味噌汁が食べたくなります。

もちろん旅館の朝食は、まず味噌汁からいただきます。ぐっと飲んで、「あ〜」と声が出ます。身体が目覚める感じです。そして、旅館の朝食はたいてい完食します。

梅干しも納豆も、慣れればおいしい

私は昔から生のものが好きで、ステーキの焼き方のオーダーは、いつもレアでした。

ただ、スイスは海がないため新鮮な海産物は手に入りにくく、魚はあまり重要な食材ではありませんでした。種類が少なく、料理の方法もムニエルかフライで、少々生臭いイメージもありましたので、日本人がそれを生で食べると知ったときには驚きました。

だからカナダで初めて刺身を食べたときには、そのおいしさに本当に感動しました。刺身も寿司も、それまで見たこともなかったと思います。

ある日、英語学校の仲間と「刺身を食べよう」ということになり、私はワクワクしながら店へ向かったのです。そして刺身を食べた瞬間に「うまい！」と思いました。そのとき食べたのは、マグロ、サーモン、イカなどだったと思います。その店は決してグレードの高い店ではなく、どちらかといえば安さが売りの店でしたが、当時の私には大変なごちそうでした。もちろん今でも寿司や刺身は私の大好物です。

そうした経験をしてきたので、納豆も嫌だとはまったく思いませんでした。変わった食べ物ではあるけれど、慣れることができるかどうか、とにかく食べてみたいと思いました。最初は不思議なにおいと味で、おいしいとはとても思えませんでした。しかし三度目に食べたときに「ああ、おいしいじゃないか」と思いました。妻は「タンパク質の発酵食品でチーズと同じだから、大丈夫だと思った」と言っていましたが。

私は馬刺しも白子も光り物も好きです。本当に何でも食べます。日本全国を旅しているといろいろな食べ物に出合いますので、「まずチャレンジしてみる」が私のやり方です。食わず嫌いで土地の名物を食べないと、旅の楽しさの大きな一部を経験せずに帰ってしまうことになりますから。

「旬」という考え方が、日本料理の大きな魅力

日本の伝統的な食べ物は、本当にどれもおいしいと思います。おいしいだけでなく、私はそこに文化や広がりを感じます。日本を何度も訪れたり、私のように暮らすようになると、多くの外国人が日本の食事の奥深さ、豊かさに魅了されます。

特に「旬」という考え方は、素晴らしいと思います。

世界では、一年中同じものを食べている国がたくさんあります。カナダで旬を意識したことはありませんでした。もちろん季節感がゼロなわけではありません。けれど日本に比べたら、

旬の意識は薄いように感じます。

最近の日本の食事は欧米化して、旬のものという感覚は昔よりも薄いのかもしれません。でも、旅をすると旬と接する機会が多いです。日本旅館はたいがい旬のもの、地のものを出してくれます。あれはうれしいですね。自分がいつ、どこへ来ているのか、食べ物とともに記憶できます。

私が旬という言葉から真っ先に思い出すのは、ふきのとうです。日本に来た最初の春に秋田の乳頭温泉を旅していたら、道端の雑木林に、あの春らしい色のふきのとうがたくさん生えていたのです。摘んでいる観光客もいました。妻から「あれは食べられるのよ」と聞いて興味を持っていたら、その日の旅館の夕食に出てきたのです！

天ぷらと辛子和えを初めて食べたときには驚きました。あの独特の香りと苦味は、まさに春を食べている感じです。日本では、よく「季節の味」と言いますが、あのときそれがよくわかりました。旬のものは、季節を凝縮したような味がするのですね。日本の料理の奥深さを感じた一瞬でした。

その土地のものを食べる楽しさ

旅先で食事をするもうひとつの楽しみが、「地のもの」です。日本はなぜこんなに料理のバリエーションが豊富なのでしょうか。旅をすると、どこへ行っても間違いなくその土地の名物があります。同じような料理でも、レシピが違ったりします。ラーメンだって、日本中で違います。あれは楽しいです。旅をしていて、まったく飽きることがありません。

地のものとは違いますが、「何でもある」というのも日本の食文化の特徴ですね。和食だけでも選択肢はたくさんありますが、中華でもフレンチでもイタリアンでも、インド料理もロシア料理も食べられます。しかも本格的な店からカジュアルな店まで、種類も多いです。一カ月いても毎日違うものを食べられます。東京のような世界都市ならそれも当然かもしれませんが、日本の場合、地方の街へ行っても食の選択肢はかなり広いです。

旅をすると、意外なおいしさに出合えるのも楽しいことです。

富士山の須走口《すばしり》五合目の山小屋で食べたキノコのパスタは、ものすごくおいしかったです。旬のキノコが山盛りで、感動しました。福島県の大内宿《おおうちじゅく》で食べたねぎ蕎麦も、思い出深いです。長ねぎ一本を箸代わりにして食べる日本蕎麦で、私は「きっとおいしくないだろう」と思って食べました。そうしたら、なんとおいしかったのです。ただ、いつまでもねぎのにおいが口に残って、それだけは困りました。

日本酒を初めて飲んだのもカナダで、その頃から好きでした。日本では取材で酒蔵を訪ねる機会が数回あって、手間をかけて醸造された日本酒の素晴らしさを知り、それからさらに日本酒を深く味わえるようになった気がします。まだ偉そうに語れるほどではありませんが、今の

ところ新潟の八海山が好みです。

海外のレストランでも、少し前までは一〜二種類の安い大量生産のお酒しか置いていなかったのが、今はワインのリストのように日本酒を揃えている店も増えています。うれしいことです。

地方の旅館に泊まって、温泉に入って、地酒をいただく。最高です。私はもう、ほとんど日本のオジサンです。

■京都にて。旬のタケノコが所狭しと並べられた店先の迫力！

温泉の魅力は奥深い。その温泉があるから、そこへ行く

桜島へ行くと、地球が生きていることがわかる

私は子どもの頃から火山が好きです。スイスは山の国ですが、南のイタリアには有名なヴェスヴィオ火山やエトナ火山などがあるのに、スイスには火山はありません。だからでしょうか、私は火山にとても惹かれます。私の父も火山が好きですから、もしかしたら影響があったかもしれません。

日本では、地球が生きていることがよくわかります。硫黄くさい水蒸気が立ち上る「地獄谷」と呼ばれるような場所が、日本中に数多くあります。初めて箱根の大涌谷《おおわくだに》で「温かい川」を見たときには、とても興奮しました。ちょうど霧が出ていたのですが、硫黄の香りと湯気を上げる川との取り合わせが神秘的で、とても印象に残っています。

それから桜島！　年に一〇〇〇回も噴火しますから、行けば一日に三回は噴火を見られるわけです。地元の方には申し訳ありませんが、私にとっては雄大な地球の動きを感じられる、とても特別な場所です。

鹿児島県から宮崎県にかけて広がる霧島連山のひとつ、新燃岳《しんもえだけ》には、きれいな火口湖があったのですが、二〇一一年の噴火でなくなってしまいました。新燃岳は、「００７」の映画のロケ地でもあり、火口からズズズッとロケットが出てくるシーンが印象的でした。新燃岳は、今でも私のあこがれの山です。

福島県の吾妻小富士のガスと、「硫黄というアロマ」

それから、福島県の摺鉢山《すりばちやま》、通称吾妻小富士《あづまこふじ》も、私の大好きな山です。

福島市内から磐梯《ばんだい》吾妻スカイラインに入ると、高原の美しい森林風景を抜け、火山地帯らしい荒涼とした中を道が走ります。吾妻小富士に近い浄土平《じょうどだいら》駐車場の周辺には湿原があり、草紅葉などが色づく秋は実に美しいです。車を降りて少し歩くと、吾妻小富士に着きます。山頂は標高一七〇〇メートルほどですが、浄土平がすでに一六〇〇メートルの高さですので、整備された階段を一〇分ほど登れば火口を一周するトレイルに出ます。

初めて訪れた日は霧が深く、お目当ての火口はまったく見えませんでした。「いったいどうなっているのだろう?」と思いながら四五分ほど歩き、トレイルが終わる頃、急に霧が晴れて大きな火口が目の前に姿を現しました。写真で見ていた印象よりもずっと大きくて、私はしばらく言葉もなく眺めていました。あれは印象的でした。

火山は大きな災害を人間にもたらすこともあります。私も北海道の有珠山《うすざん》や長崎の雲仙普賢岳《うんぜんふげんだけ》、浅間山の周辺で噴火の爪痕を見ています。地元の博物館に行って勉強もしてきました。大きな被害の一方で、火山には必ず温泉がついてきます。温泉は火山の恵みです。火山国に住む日本人は、昔から火山と共存する方法をさぐりながら、温泉を楽しみ活用する工夫をしてきたのかもしれません。

こう言うと笑われるかもしれませんが、私にとって硫黄のにおいはアロマのようなものです。それはかいでいると、リラックスできるのです。だから私は、硫黄の強い温泉が好きです。それは「火山好き」と通じているのかもしれません。

温泉に見る、日本と世界の慣習と意識の違い

日本の温泉を旅の目的のひとつにしている外国人旅行者がいる一方で、温泉に対してハードルを感じる人々もいます。

まず、他人の前で裸になるという習慣が、海外では一般的ではありません。もっともこれは

単純に断言できることではなくて、ヨーロッパにはヌーディスト・ビーチも多くあり、みんなあっけらかんと裸になっています。どうも外国人、特に欧米の人間は、「裸になって大自然とひとつになる」という行為には抵抗がない人も多いようです。これはまさに人それぞれで、ひとくくりでは語れません。

日本と海外では、そもそも「入浴」に対する感覚が違う、という面もあります。公衆浴場を持っている国はかなり少ないですし、実は「バスタブに湯を溜めてつかる」という慣習も、海外では決して一般的なものではありません。欧米ではシャワーだけですませる人が多いようです。お湯などまったくためない人も、かなりいます。

ちなみに私の家系は、お湯をためる一族です。日本へ来て、湯船の横に洗い場があるお風呂に初めて入ったときは、「なんて便利なんだ！」と感動しました。

つまり私は「温かいお湯にゆっくりつかる」という習慣のある家庭に育ったわけですが、それでも最初の温泉は、少し緊張したのを覚えています。それは他人の前で裸になるということ以上に、温泉の入り方がよくわからない、ということが大きな理由でした。

温泉の入り方のルールにとまどう

海外の人たちが日本の温泉をどう思っているのか、私もぜひ知りたいと思い「ジャパンガイド」で何年か前に調査したことがあります。

そのときには、東南アジアの人たちの半数以上が「他人の前で裸にはなりたくない」と答えました。北米とオーストラリアは、イエスとノーがちょうど半々でした。いちばん問題なかったのはヨーロッパ人で、三分の二以上の人たちが入りたい、入ってもよいと答えました。全体では、温泉に入りたいという人とそうでない人の比率は半分半分でした。

「温泉に興味はあるけれど、他人とは入りたくない」という人も少なくありません。だから家族風呂や貸し切り風呂、部屋付き露店風呂がある温泉旅館はとても人気があります。「ジャパンガイド」のフォーラムでも、「どこに貸し切りの温泉がありますか?」という質問は多いです。

今ではもうすっかり慣れましたが、日本に来た当初を思い出すと、私もやはり誰か知っている人と一緒に入りたいと思いました。初めてひとりで温泉に入ったのは二〇〇三年、別府のひょうたん温泉でした。ここは大正時代からある一九本の滝湯が名物ですが、当時はとにかく緊張したことだけを覚えています。

もちろん初めて見知らぬ国に来て、見ず知らずの人たちの前で裸になるのは抵抗があります。けれどそれと同じくらい、「入り方のルールがわからない」というとまどいが大きかったのです。

最近は温泉の脱衣場に、英語やイラスト入りの「入浴マニュアル」がよく貼ってあります。

■乳頭温泉・本陣鶴の湯の入口。

あれは助けになっていると思います。

「今では温泉が好きになった」という外国人に聞くと、みんな最初は緊張していたそうですが、ひとたびお湯に入ると、その緊張はまたたく間にどこかへ消え去り、すっかりリラックスできるようになったと言います。

熱い温泉に入りたくて、自宅で特訓

そしてもうひとつのハードルが、温度です。外国人にとって、ほとんどの温泉は熱すぎるのです。

スイスにもカナダにも、ホット・スプリングスがあります。設備の整ったホット・スプリングスはすべて水着で入るもので、湯温は四〇度以下が普通です。お湯は確かに天然温泉なのですが、雰囲気は「泳がない温水プール」です。

ここでも「入浴」に対する考え方の違いがあります。少なくとも海外では、熱いお湯に我慢して入ることはありません。私がスイスの家でバスタブに溜めていたお湯も、四〇度ありませんでした。

ですから日本に来て、初めて熱い温泉に入ったときには驚きました。熱湯かと思いました。実際、日本の温泉にはものすごく温度の高いものがあります。島根県の温泉津《ゆのつ》温泉の薬師湯の源泉の温度は約四六度です。温泉好きの日本人の友人は、どうしても肩まで入れなくて、平気で入っている地元のお年寄りに「子どもはしょうがないなぁ」と笑われたそうです。もうひとりの友人は我慢して一〇まで数えたそうですが、「命の危険を感じた」と話していました。

私は昔、温泉に入るためのトレーニングをしたことがあります。熱い温泉に入れなくて悔しかったので、家の風呂の温度を毎日少しずつ上げて、入る訓練をしました。今では四七度までは何とか入れるようになりましたから、温泉津温泉へ行っても大丈夫です。

このトレーニングの話をすると、みんな笑います。「そこまでしなくても」と言われます。でも、私は日本の温泉が好きなので、どこへ行っても入れる自分でありたいのです。仕事で旅をしたときも、可能な限り一泊は温泉宿に泊まります。

外国人は、白濁した露天風呂が好き

私は人見知りをするタイプなのに加え、取材旅行中は忙しくて時間がないので、旅先で日本人と親しく話をする機会はあまり多くありません。けれど温泉に入っていると、不思議と人から話しかけられ、リラックスして話すことができます。温泉津温泉でも、地元の方たちとずいぶん話をしました。内容はたわいないものですが、「裸の付き合い」は楽しかったです。そういう雰囲気も含めて、温泉の楽しみなのだと私は思っています。

そして多くの外国人も、「温泉の雰囲気を楽しみたい」と感じているようです。

外国人がイメージする温泉は、「自然に囲まれた露天風呂で、硫黄のにおいがする白濁したミルキーなお湯」です。秋田県の乳頭温泉・鶴の湯は、まさにそんなイメージ通りの温泉で、非常に人気が高いです。しかも鶴の湯には江戸時代からの宿泊棟「本陣」が残っていますので、タイムスリップしたような感覚も味わえます。

鶴の湯は、人気のある露天風呂が混浴になっています。そのため、入浴のルールを知らない外国人観光客はよけいにとまどうようです。

私は、混浴は特に好きでも嫌いでもありません。外国人の中にはカップルで温泉に入りたいという人が多いので、その意味で混浴を歓迎する旅行者もいます。でもたいがいの露天風呂では、男女ともに他人の目が気になって落ち着かないと思います。私自身は、やはり男女別のほうがリラックスできます。

混浴の温泉では、私は青森県の酸ヶ湯《すかゆ》温泉が好きです。露天ではありませんが、木造の大きな千人風呂は、伝統的な屋内のお風呂の中では、群馬県・法師温泉の長寿館・法師乃湯と並んで日本一だと思います。千人風呂も法師乃湯も、現在は女性のみの時間を設けていて、女の人もゆっくり入れるように配慮されています。

硫黄濃度日本一の万座温泉と、泉質日本一の草津温泉

好きな温泉を挙げると止まらなくなりますが、まずは私の地元、群馬の名湯について語っておかなければなりません。

硫黄の強い温泉が好きな私にとって、硫黄分が日本一多いと言われる万座温泉は、最愛の温泉のひとつです。特に冬に入る雪見の露天風呂は、最高です。以前、真冬の朝風呂に入ったときには、気が付いたら髪の毛が凍り付いていました。それでも身体はぽかぽかで、あの感覚は何度味わってもいいものです。しかも万座は標高一八〇〇メートルと高所にあるので、町から遠くて、空気が澄んでいて、景色も良くて、まさにリゾートです。

群馬県の名湯といえば、草津温泉を忘れるわけにはいきません。万座温泉とは草津白根山を

■群馬の名湯、草津温泉の自然湧出量は日本一。

はさんで反対側に位置し、両方とも草津白根の火山活動によってできた温泉です。

私はかれこれ一二年間、日本中の温泉に入ってきましたが、泉質は草津が日本一ではないかと思います。草津には複数の源泉があり、自然湧出量日本一を誇っています。湯畑とその周辺の源泉が、私にとってのベストです。あのお湯の良さは、本当に山に感謝、地球に感謝です。

草津温泉は、町の取り組みも素晴らしいと思います。毎年のように新しいプロジェクトがあり、年々町が良くなっているのです。最近では、湯畑のそばの一区画に昔の雰囲気を持った共同温泉浴場を建設しました。俗っぽい雰囲気を振りまいていた土産物店も改修されて、町が落ち着きました。湯畑に近いコンビニエンスストアも周囲に合わせて木目調の外観になっています。

もともと、無料で入れる外湯がいくつもあって、浴衣に下駄履きで湯めぐりできる温泉街でしたが、その雰囲気はますます良くなっています。長い歴史を持つ日本屈指の名湯なだけに、まだまだポテンシャルを持っていると思います。

夢のようだった、北海道・カムイワッカ湯の滝

お湯の良さ以外にも、雰囲気や個性を楽しめる温泉が数多くあるのが日本のすごさですね。とにかく温泉の数が多くて、味わい深いところがたくさんあります。

硫黄の強さでいうと、秋田県の玉川温泉や後生掛《ごしょうがけ》温泉も強力です。岩盤浴で有名な玉川温泉は、ペーハー一・二という日本一の強酸性の湯で、入っていると皮膚がピリピリしてきます。

八幡平にある蒸ノ湯《ふけのゆ》は、いわゆる地獄谷の真ん中にある露天風呂が名物です。噴煙が噴き上がるゴツゴツした岩だらけの景色の中に、ぽつんと湯船があります。岩場に作られたシンプルな木の湯船に、木のといが硫黄臭のする源泉を注ぎ込んでいます。ちょっとした目隠し板以外には、視界をさえぎるものがありません。あれほど開けっぴろげな露天風呂も珍しいですし、火山好きとしてはまさに大地に抱かれたような感覚で、たまりませんでした。

雰囲気でいうなら、北海道のカムイワッカ湯の滝は夢のようなところでした。温泉が川になって流れ落ちているのです。私と妻が行ったのは六月で、人が少なく緑が濃くて、最高の雰囲気でした。

ウトロの雑貨店で、足裏に滑り止めのついたソックスを買って川に入りました。その瞬間、水の温かさにまずびっくり。足元に注意しながら急な傾斜を登っていくと、川の水がだんだんと温度を増していき、ワクワクしてきます。三〇分ほどトレッキングすると、小さな滝壺が湯船のようになり、そこにちょうどいい温度の温泉が溜まっているのです。すでに数人が水着で入っていて、私もそこに加わりました。あの気分の良さをどう表現したらいいか、「最高！」という言葉しか思い浮かびません。

残念ながら、今では落石のためにふもとの一〇〇メートルほどしか登れなくなっています。私にとっては「完璧な温泉」のひとつだったので、将来的にはまた入れるようになってほしいです。

露天風呂なら黒川温泉に奥飛騨温泉郷。名湯だらけの日本

露天風呂の素晴らしさでいうなら、熊本県の黒川温泉と岐阜県・奥飛騨温泉郷の露天風呂も外せません。

黒川温泉もかなり前から町づくりに力を入れていて、非常に感じの良い温泉街となっています。雰囲気の良い大きな露天風呂を持つ旅館が多くて、とても落ち着けます。

奥飛騨の水明館という旅館の露天風呂は、約二五〇畳、日本一と言われる広さがあります。

あれは圧巻でした。奥飛騨には、美しい日本アルプスを見ながら湯につかれる露天風呂が多いです。日本アルプスは、故郷のスイスを思い起こさせてくれます。これも他では経験できない楽しみです。奥飛騨温泉郷の福地温泉にはオールド・ファッションな旅館が多いので、日本らしい旅情を感じられるのもうれしいことです。

鹿児島県の指宿《いぶすき》温泉もいいところです。海を見ながらの砂風呂は、「ジャパンガイド」のスタッフと行った際には、あまりの気持ち良さに、二人とも眠り込んでしまいました。

数え切れないほど多くの種類の温泉が湧く別府温泉の良さは言うまでもありませんし、鹿児島県の霧島温泉も自信を持っておすすめできます。ああ、こうして挙げていったらそれだけで本が終わってしまいそうです。

スイスとカナダの国旗を掲げてくれた加賀屋に感激

温泉というと、どうしても秘湯や古い温泉旅館の話になりがちです。しかし、有名な温泉地の大きなホテルの温泉が良くないかというと、決してそんなことはありません。実は私は、近代的な大型旅館やホテルも大好きです。

「ジャパンガイド」のフォーラムで、ときどき温泉地の大きなホテルを「サービスが分業されていて、まるで工場のようだ」と批判するコメントがあります。その気持ちもわからなくはあ

■石川県の名旅館・加賀屋に掲げられたスイス、カナダ、日本の国旗。

りませんが、私は少し論点がずれている気がします。大きなホテルと小さな旅館では、提供されるサービスの内容が違っていて当然でしょう。もっとも、これは私がラッキーで、両方のタイプの宿に何度も泊まっているから冷静に見られるのかもしれません。一生に一度の日本旅行なら、期待が大きくなるのもしかたないですね。

大きな旅館でも、歴史を持っているところは「さすが」と思わせるサービスをしてくれます。石川県の名旅館として知られる加賀屋は、とても大きな旅館ですが、サービスは非常に細やかでした。

私と「ジャパンガイド」のスタッフがチェックインしたとき、「どちらのお国の方ですか?」と聞かれました。私はスイスで彼はカナダだと答え、荷物を部屋に置いて周囲を散策し、宿に戻ったら、なんと宿の外に、スイス、カナダ、日本の国旗が掲げられていたのです。あれには私もスタッフも感動しました。それだけで、いっぺんに加賀屋が好きになってしまいました。

登別、霧島。大きなホテルの温泉もあなどれない

北海道の登別温泉にある第一滝本館は、とても大きなホテルで、風呂へ行くにはエレベーターやエスカレーターを乗り継がないとなりません。けれども、ここの温泉は本当に素晴らしいです。七つの源泉が、三五もの浴槽で楽しめます。これは小さな旅館ではできないことです。

霧島ホテルは、あの坂本龍馬も新婚旅行で訪れたという、霧島温泉郷にあります。ここの温泉もまた巨大で、まるで体育館のような中に豊富な源泉が滝のように注ぎ込まれ、プールのような浴槽の真ん中にはお湯の噴水があります。ちょっと笑ってしまうくらいのスケールですが、ここのお湯もまた名湯です。

日本の温泉は、食べ物と同じように土地ごと、施設ごとに個性があるのがいいですね。私も最初は、温泉なんてどれも同じだと思っていました。もちろん色やにおいの違いはわかりましたが、たとえば無味無臭無色透明の温泉なんて、家のお風呂と同じではないかと思っていました。

けれども、たくさんの温泉に入ることで、どんどん温泉を深く味わうことができるようにな

ってきました。昔は「露天こそ温泉だ」と思っていたのですが、今では屋内の風呂のほうが好きになりました。同じ旅館内でも屋内のほうが泉質がよい場合があるのです。また、内装に凝った大正ロマンの内湯も楽しめるようになりました。

温泉好きの友と語った「良い温泉とは？」

この本を書いてもらったSさんとは、カナダのバンフを皮切りに、日本でも多くの温泉を一緒に旅しました。お湯につかりながら、「なぜ温泉は気持ちいいのか？」という哲学的な話をするのが、私の楽しみでもあります。

福島県の会津若松・東山温泉で、向瀧《むかいたき》という古い温泉旅館に泊まったときは、こんな話をしました。

「ああ、ここのお湯は無色透明ですが、気持ちが良いですね」

向瀧の内湯「きつね湯」につかりながら、私はSさんに言いました。

「お湯がとてもなめらかですね。それと、とても雰囲気がいいです」

この宿は江戸時代から続いており、かつて会津藩の保養所だったそうです。派手な飾りがあるわけではない、とてもシンプルな浴室ですが、「このお湯に会津の武士たちも入っていたのか」と思うだけでも味わいが増します。そういう雰囲気も楽しむのが温泉の面白さだと、私も最近わかってきました。

「長野県の渋温泉・金具屋《かなぐや》旅館さんも面白かったですね。岩風呂もあれば西洋風の浪漫風呂もあって。前はそういう洋風なスタイルのお風呂に慣れていなかったのですが、今はけっこう好きになりました」

「まあ、金具屋も、この向瀧も、文化財になっている宿ですからね。温泉宿としては別格ですね」とSさん。

「建物は普通でも、昔からの湯治場のお湯などは、とても気持ちいいです」

「山形県の肘折《ひじおり》温泉なんか、昔行ったときはほんとに素朴な湯治場で、農家のおじいちゃんおばあちゃんだらけでしたよ。で、お湯は『効く！』って感じ。ああいう温泉もたまりませんよね」と、Sさんは気持ち良さそうに語ります。

私は温泉に行くと、必ず「効能書き」を見ます。ペーハーと加水・加温などを調べたいと思っていますので。塩素が入っているかも知りたいです。

「良い温泉と良くない温泉の違い、Sさんはどう思いますか？」

「難しい質問だなぁ」と、Sさんはしばらく考えてから話し始めました。

「いろんな意見があると思うけど、たとえば都会にもスーパー銭湯なんかで温泉を引いていることがあるでしょ？　あの温泉と、こうした歴史ある温泉では、明らかに入り心地が違いますよね」

それは私も実感していました。泉質とは別の、もっと根本的な違いに思えます。

「でも、どちらも温泉は温泉ですよね。何が違うのでしょうか？」

「新しい温泉って、たいがい地中深くボーリングして、言うなれば無理やり温泉を引いていることが多いんですよ。ところが伝統ある温泉地のお湯は、例外もあるけれど、たいてい自噴泉だったり、『ちょっと掘ったら出てきちゃった』っていうお湯なのです。出てきたくなかった温泉を叩き起こして引っ張り出しても、お湯のほうで準備ができていないというか、迫力がないんですよね」

「Sさんは詩的な人ですね」私はうなずいて、話の先を促しました。

「温泉は、ただの『温められた地下水』ではないと、私は思います。その土地の、深い大地のエキスをたっぷりと取り込んだ温水が、地表近くまで押し上げられて、出合うべくして人と出合ったものだと思っています」

私にとって温泉は、山の恵み、地球の恵みです。地球が生きているから温泉が湧き出すわけで、Sさんの話と私の実感は、似たものだと思います。

「わかりやすい例で言うと、深いところから少量の温泉を汲み上げて、それを加水して加温して、さらに消毒して循環させたりする〝温泉もどき〟が少なくないのですよ。それは違うだろう、と」

私もまったく同じ意見です。「温泉付き」という名前だけで選んだビジネスホテルで水道水のような塩素臭を感じ、「これは温泉だろうか」と疑問に思ったことが何度かあります。

「そんな、〝限りなく人工に近い天然温泉〟の対極にあるのが、源泉掛け流しですよ。別に源泉掛け流しでなければいけない、とは言わないけれど、やはり名湯と呼ばれる温泉のほとんどは、源泉掛け流しなんですよね」

「その通りですね」

私は、改めてサラリとしたお湯の感触を味わいました。

こんな話をしていると、いつも、のぼせそうになります。

「温泉は、風呂とは違う」という発見

彼と話していて「そうだな」と思ったのは、温泉は普通の風呂とは違う、ということです。

風呂は、身体をきれいにするところです。でも温泉は、Sさん曰く「大地のエキスを身にまとう」ところだそうです。それが正しいかどうかはともかく、私も良い温泉に入ったときは身体を洗いません。せっかく硫黄のにおいがしているのに、シャンプーやボディソープのにおいを身につけるのはもったいないと思うからです。

かけ湯をして湯船につかったら、ゆっくりとお湯を楽しんで、シャワーを浴びることもなくそのまま身体を拭いて浴衣を着ます。それが正しい温泉の入り方だと、何人もの温泉好きに教

わりました。

個人的にはその通りだと思っていますが、「ジャパンガイド」の編集者としては、実はまだとまどっています。身体を洗わなくていいのか。最後に身体を流さなくていいのか。日本人の中にも「まず洗うべきだ」と言う人も「かけ湯で十分」と言う人もいます。海外でポピュラーな旅行ガイドブック『ロンリープラネット』には、「温泉に入る前に石鹸で身体を洗ってシャワーを浴びよう」と書かれています。海外からの旅行者がとまどうのも当然でしょう。

万座温泉の露天風呂に入りながら、Sさんとそんな話になりました。

「温泉の入り方については、今でも「ジャパンガイド」に質問がよく来ます。私は『かけ湯をして入るのが正しい』と回答しています。十分にかけ湯をすれば、身体の汚れはほとんど落ちると思いますから。でも日本でも違う考えの人がけっこういますね」

「そうですね。特に最近は清潔意識が高まって、私の友人でも、『身体を洗って入らないと湯が汚れてしまうではないか』と主張する人がいます」

「でも銭湯ならともかく、温泉の湯が汚れるでしょうか?」

「ステファンの言う通りです」Sさんはうなずくと、白濁した温泉を手ですくいながら言いました。

「そもそもこの湯は〝きれい〟なのでしょうかね? 温泉を、水道水を沸かしたお湯と同じように考えていいのでしょうかね?」

硫黄の温泉が好きな私には、Sさんの言いたいことがよくわかります。

「硫黄泉に入れば、身体には硫黄臭がつきます。私にとっては好きな香りですが、普通の人は『硫黄くさい』と感じるでしょう。つまり私は、温泉に入って身体をきれいにするどころか、逆に汚しているとも言えますすね」

「そうなんですよ」とSさん。「露天風呂なんか、枯葉や虫が入ってしまうことなんて普通でしょ？　かけ湯をしただけで湯に入れば、確かに身体の汚れも湯に溶けるでしょうが、掛け流しの温泉なら、それもどんどん流れていきます。そもそも強い酸性やアルカリ性の温泉では、菌はそう簡単に繁殖できません」

確かに、一部の古い温泉では、洗い場もないし石鹸やシャンプーを使ってはいけないという風呂もあります。

良い温泉ほど、きれいとか不潔とかいう価値観とは別の存在なのです。温泉は、実に奥深いですね。だから大好きです。

鉄道に揺られる時間も、大切な旅のひととき

スイスと日本は世界有数の鉄道王国

旅をするときの交通手段はいろいろあります。私は公共交通機関で移動することが好きなので、飛行機も鉄道も歓迎です。私は「交通網」が好きなのです。道も好きだし、航空機のネットワークも好きです。けれども、やはり鉄道網が好きです。とても複雑で、接続方法もたくさんあって、渋滞もないし、中で食事もできてお酒も飲めますから。

スイスは、日本とともに世界で一、二を争う鉄道大国です。国中に張り巡らされたネットワークと利用者の多さは、この両国が世界でも飛び抜けているのではないでしょうか。もちろんヨーロッパ各国にも鉄道はありますが、どんどん廃線になっていて、大都市を結ぶ路線だけが残っています。スイスや日本は、小さな街にもまだたくさん駅があります。これは素晴らしい

ことです。

私が鉄道を好きになったきっかけは、チューリヒ市内を走るトラム（路面電車）です。高校生になるまでは、半分本気で「将来はトラムの運転手になりたい」と考えていました。私以外にもトラムを愛するチューリヒ人はとても多いです。日本ほどではないですが、スイスにも「鉄っちゃん」はかなりいると思います。はい、私もそのひとりです。

管理力の日本、廃線にしないスイス

日本の鉄道のすごさは、高度な運行管理能力にあると思います。

以前、東海道・山陽新幹線の管理センターを取材させてもらったことがありますが、最先端の技術を使った緻密な管理がなされていることに、改めて驚きました。それ以上にびっくりしたのは、「年間約一二万本運行される東海道新幹線で、一列車あたりの平均遅延時間は三六秒」という事実です。ちょっとあり得ない数字ですね。

先進国でも、列車は当たり前のように遅れます。二～五分は日常茶飯事で、一〇～二〇分程度の遅れも珍しいことではありません。スイスも、昔は非常に正確に運行されていましたが、最近は二～三分、ルーズになっています。私はそれがとても残念で、とても悔しいです。時計の国の列車が遅れてはいけないと、私は思います。

日本の列車は、まず遅れません。遅れたときも、多くの場合すぐにダイヤが回復します。前にも書きましたが、朝夕のラッシュアワーに、一一輛もある山手線が、分刻みで正確に運行されているのは、信じられないことです。

スイスの鉄道にも、日本より優れている部分があります。それは、路線を廃線にしないことです。

スイスでは、公共交通機関を国や自治体が応援しています。赤字でもめったに廃線にしませんし、今でも積極的に路線を新設しています。鉄道と暮らしが密着しているのです。

鉄道とバスの乗り継ぎ時間もコントロールされています。駅を降りると、ほぼ確実にバスと接続します。田舎でも、バスはだいたい三〇分に一本以上あります。これはスイスの国土が九州ほどしかなくて、しかも山が多いために人の暮らせる場所が限られているからできることかもしれません。それでも、利用のしやすさ、わかりやすさは日本以上だと思っています。

スイスは環境意識が高いので、「自動車よりも公共交通機関」という考えがあるのも鉄道維持に力を入れているひとつの理由でしょう。いずれにしても、多くの国で鉄道が交通の主役から外されていく中で、スイスや日本は鉄道好きにとってやはり「特別な国」なのです。

愛読書は、時刻表

取材で各地を訪問するとき、時間が許す限り、私はローカル線に乗るようにしています。私は、鉄道に乗っている時間も旅だと考えます。

私は子どもの頃から、車や列車に乗ったときに絶対に寝ませんでした。初めて乗った路線では、車窓からどんな風景が見えるのか、しっかり記憶に刻みたいのです。たとえば日本らしい田園風景が楽しめるとか、海沿いの素晴らしい景観の中を走るとか、それは旅の大きな価値ですから。寝てしまうなんて、もったいなくて、私にはとてもできません。車窓から外を見ていると駅と駅の間に何があるかわかりますし、移動した距離も実感できます。

ただ、私は熱心な「乗り鉄」ではありません。鉄道ファンでない人からすると、鉄道好きはみんな同じ「ちょっと変わった人」に見えるかもしれませんが、実は鉄道の何が好きかで、種類が細かく分かれます。

分類すると、私は「時刻表鉄」です。ええ、私の愛読書は時刻表なのです。二〇〇四年から買い始めた時刻表は、全部取ってあります。

この路線には、特急と急行と快速と普通列車が走っている。普通列車は、どの駅で速い列車に抜かされるのか。AからBへ行くにはどんな方法があって、安いのはどれで速いのはどんな

■桜に触れそうに走る京都の嵐電。

行き方か。そんなことを考えながら、時刻表を見ています。

鉄道好きは、会話の中で旅をする

実は、温泉好きのSさんが、かなりの「乗り鉄」でもあるのです。私と彼が鉄道の話をしていると、妻はいつも面白がって聞いています。会津若松の旅館では、こんな会話をしていました。

「Sさん、今日は会津若松まで、会津鉄道ですか？」

「いや、すみません、今日はちょっと遠回りして来ました」

「Sさんは新幹線を使わないのですよね。ならば、東北本線で郡山《こおりやま》経由ですか？」

「郡山経由は、そうなのですが……」

「でしたら常磐線からいわきを通って磐越東線《ばんえつとう》線ですか？　でもその経路だと、かなり接続が悪いですね」

「常磐線には乗りました」

「そうすると……常磐線で水戸から水郡線《すいぐん》線ですか！　私はまだ水郡線に乗ったことがありません。どうでしたか？」

「私も初めてでした。どうせなら盲腸線になっている常陸太田《ひたちおおた》駅まで乗り潰そうと思って、自宅から始発電車で出発しまして」

「朝の五時過ぎから、ずっと各駅停車に乗ってきたのですか？」と、妻が感心したように言いました。

「ええ、一日一二時間くらい乗っていることは、よくあることです」

Sさんは、なんとなく自慢げに答えます。

「それで帰りはどうしますか？」

「ええと、只見《ただみ》線に乗って帰ろうと思うんですよ」

「只見線ですか、いいですね。でも確かあの線は、途中が不通になっていますね」

「代行バスです。こないだ広島で三江《さんこう》線に乗ったときも、途中の鉄橋が流されて代行バスでした」

「そうですか。しかし代行バスの運行時刻は、不思議なほど鉄道と接続しないですよね」

「そう、それは私も常々疑問でした。そもそも地方のローカル線は、主要幹線との接続をまったく無視している場合が多いですよね。こないだ福井に行ったときにもね……」

話はどんどん広がって、いつの間にか会話の中で日本一周鉄道旅行をしていたりします。

今、台風や震災の影響で運休となっている路線や区間が、日本全国に数多くあります。鉄道網好きとしては、廃線にせず、ぜひとも復旧させてほしいと願っています。

北陸新幹線の完成で、日本の旅が変わる

私はあらゆる鉄道での旅が好きですが、いちばん好きなのは新幹線です。外国人旅行者は、旅の目的に、ほぼ間違いなく「新幹線に乗ること」を入れると思います。東海道新幹線の車窓から富士山を見られたら、彼らは大満足です。

私は東海道新幹線にはもう何度も乗っていますので、取材の帰りには富士山よりもビールです。自宅へ向かう新幹線の中で飲むビールは、やはり格別です。東海道新幹線ではおなじみの光景ですが、私は日本のビジネスパーソンの気持ちがとてもよくわかります。出張先の名物をおつまみに、気持ち良く列車に揺られながら、リラックスする。まさに至福です。

JR東日本も負けていません。秋田新幹線「こまち」の最新車輛、E6系は、個人的にはいちばんデザインが好きな車輛です。車内も非常にきれいで、座席やトイレなども快適になりま

した。

話が少しそれますが、東京駅などの終着・始発駅では、専門の清掃スタッフが六分以内で車内の清掃と点検を終え、ホームで待つ人たちに一礼して去っていきます。あの様子は、海外のニュースなどでも放映されます。

海外の車輛はあまりきれいではない場合がよくありますし、座席も一方向に固定されているものが多いのです。ですからあっという間に座席の向きが変わり、ヘッドカバーまで毎回交換してくれる新幹線の清掃シーンは、まさに「日本ならでは」の光景なのです。

私が今、最も注目しているのは、北陸新幹線です。二〇一五年春には長野〜富山〜金沢間の運行が開始される予定です。そうなると、日本の旅が変わります。今、東京から北陸への旅は、東海道新幹線で京都や米原を経由する経路と、上越新幹線で越後湯沢から上越線、北越急行ほくほく線などを経由する行き方がありますが、これが北陸新幹線に集約されるでしょう。東京〜富山が二時間一〇分、金沢まで二時間半で結ばれる予定ですので、空港へのアクセスを考えたら飛行機より早くなります。

たとえば外国人観光客に人気の白川郷が、今まで以上に身近になります。日程に余裕ができれば、金沢を訪ねる外国人も増えるでしょう。「ジャパンガイド」としても、モデルコースを考える必要がありますね。ワクワクしてきます。

リニア中央新幹線の開業も待ち遠しいです。Sさんは「外の風景が見えない列車には興味がない」と言っていましたが、私は興味で一杯です。交通にとって、速さは大きな価値です。噂では、東京オリンピックに合わせて部分開通させるのでは？　という話も流れています。

消えゆく夜行列車と、クルーズトレインへの期待

寝台車の旅も、特別な体験です。私は上野と札幌を結ぶカシオペアと北斗星に乗ったことがあります。まるでオリエントエクスプレスのようで、懐かしい感じがしましたし、とてもゴージャスな気分になりました。

上野駅から乗り込んで、ラウンジカーでビールを飲みながら沈む夕陽を眺めるのは、素晴らしかった。本当に特別な時間でした。

けれど北海道新幹線ができると、カシオペアも北斗星もなくなってしまうかもしれません。ローカル線以上に、夜行列車や寝台列車は次々と廃止されています。これは非常に残念です。一〇年ほど前、「ジャパンガイド」で日本の寝台車を紹介するページを作ったときは、まだたくさんの列車が運行されていました。それが毎年のようになくなっていき、今では数本しか残っていません。寂しいことです。

様々な理由があるのはわかります。でも、たとえばＪＲ九州の「ななつ星ｉｎ九州」の成功を見ると、「少し高級な夜行列車」は、かなりのニーズがあるのではないかと思います。観光

に特化した長距離列車を、たとえば東京〜九州間で走らせたら、乗りたい人は少なくないと思います。実際、いくつかのＪＲが長距離を走る豪華なクルーズトレインを企画しているようです。そうなると、また「ジャパンガイド」で紹介できる旅が増えます。

カナダでは、夏の間運行されるカナディアンロッキーを越える「ロッキーマウンテニア号」は、豪華な食事や展望車輛が売り物で、料金は高額ですがとても人気があります。スイスには、たくさんの山岳鉄道があります。あれもまた、特別な経験のできる列車です。

生活に密着しているのも鉄道ですが、特別な時間をくれるのも鉄道です。最近は忙しくなってしまい、なかなかローカル線に乗れなくて、少し反省しています。移動する時間を楽しむ旅を、私自身が再発見しないといけませんね。

自転車で、もっと日本を走りたい！

ヨーロッパでは自転車レースが大人気

もうひとつ、私の大好きな交通手段があります。それが自転車です。

ヨーロッパでは、それぞれの国で、ときには国境をまたぎながら、毎年数多くの自転車レースが行われています。中でも「ツール・ド・フランス」は別格で、絶大な人気があります。二〇世紀初頭から始まった伝統あるこのレースは、フランスだけでなくヨーロッパ全土を熱狂させる夏の祭典で、約三週間かけて三三〇〇キロメートル前後を走ります。最近では日本人選手も活躍するようになりましたので、日本での知名度も少しずつ上がってきたようです。しかし、まだまだヨーロッパでの人気には遠く及びません。

ヨーロッパでは、自転車レースのスター選手は子どもたちのヒーローでした。私のヒーローはジャンニ・ブーニョ。スイスの私の部屋には、ブーニョをはじめ好きな選手のユニフォームが何着も飾ってありました。

毎夏、父と出かけた自転車ツーリング

ヨーロッパ人は、自転車レースを見るのも、自分が自転車に乗るのも大好きです。マウンテンバイクもレース用バイクも人気で、休日になると自転車で遠出をするのがごく普通の光景です。

私が親からもらった最も高価な誕生日プレゼントは、中学生になってすぐに贈られたレース用バイクでした。当時で、三〇万円近くしたと聞きます。この話をすると、たいがいの日本人は「自転車に三〇万円！」と驚きます。でもこれは日本のママチャリとはまったく違う、長距離を高速で走るスポーツタイプの自転車ですから、それなりの価格になります。山と坂の国・スイスでは、ママチャリで走れる場所は限られるでしょう。

毎年夏になると、両親からもらった自転車で、私は父と南仏への自転車ツアーに出かけました。大まかなルートとゴールだけ決めて、あとは気の向くまま。途中のホテルは、「今日はこのあたりに泊まろうか」と気まぐれに決めることが多かったです。ランチはパン屋で焼きたてのフランスパンと生ハムとチーズを買って、道路脇の自然の中で食べます。あれは本当に楽し

かったですね。パリの人はあまりフレンドリーではないけれど、南仏の田舎の人はとても気さくで親切。またあのあたりを走ってみたいですね。

私がカナダに留学してからも、夏に帰省したときにツアーに出かけました。最後のツアーは、一九九六年だったと思います。

カナダに住んでいた間も、普段の移動にはレース用自転車を利用していました。会社員だった時代には、自転車通勤もしていました。

バンクーバーには、海沿いの気持ち良いコースがあって、休みの日には毎日のように自転車で走っていました。ときには山まで足を延ばして、坂の刺激を楽しみました。あるときクマを見かけて、あわてて力一杯ペダルを漕いだこともあります。

そんなハプニングも含めて、自転車での旅は、自動車とも列車ともまったく違った楽しさを与えてくれます。今は忙しすぎて日本ではあまりできていないのが残念です。

日本の自転車は「準歩行者」で、ヨーロッパは「車輌」

私は日本へ来て、多くの日本人が自転車に乗っているのを見て驚きました。日本といえば自動車の国というイメージだったので、こんなに自転車がポピュラーだとは想像もしませんでした。駅前の自転車置き場を見てすごく驚きましたし、二階建てや地下の駐輪場は素晴らしいと思います。

欧米ではP&R（パーク&ライド）といって、自宅から車で最寄り駅まで行き、駐車場に停めてから（パーク）、電車などに乗り換え（ライド）、都心の目的地まで行くというシステムがあります。この場合はもちろん自動車ですが、日本では自転車によるP&Rが日常的に行われているのですね。

ただ自転車に対する意識は、日本とヨーロッパではかなり違います。ヨーロッパでは自転車で長距離を走るのが普通なので、自転車は完全に車輛です。

日本では、自転車は歩行者であったり車輛であったりします。あまりに身近な移動手段すぎて、交通ルールが曖昧になっている気がします。たとえば歩道を自転車が走ったり、車道でも右側通行していることがあって、あれはとても怖いです。

ただ、サイクリストのマナーは、ヨーロッパだって良いわけではありません。たとえばスイスの自転車の違反は、非常にアグレッシブです。行けると思ったら赤信号でも突っ込んでくるし、ものすごいスピードで車の列を横切ったりします。

思い出の伊豆半島自転車ツアー

日本へ来てまだ間もない二〇〇四年三月、私はスイスからやってきた旧友と、自転車で伊豆

■伊豆の手つかずの岩場にて。

半島へ出かけました。伊豆半島をぜひ自転車で旅してみたかったのです。

自宅のある群馬県の藤岡から、まずは自転車を持って電車に乗り込み、山梨県の大月へ。そこから自転車に乗り換え、河口湖〜富士宮〜下田〜石廊崎と五日間かけてツーリングしました。思い切って出かけた自転車の旅は、非常に快適でした。連日快晴に恵まれ、ずっと富士山を見ながら走ることができました。事故もアクシデントもなく、パンクすらすることなしに走破できました。

私は父と出かけた南フランスを思い出しながら、海からの風の香りを楽しんでいました。たどりついた石廊崎《いろうざき》もきれいでしたが、もっと感動したのが石廊崎より東にある盥岬《たらい》です。そこは海に近く、とても景色が良かったのです。

岬からの眺めに感心していた私がふと下を見

ると、どうやら海のほうへ降りていける細い道があることに気付きました。

「行ってみようか」

「もちろん」

私たちは自転車を担ぐと、海岸へ向かって下っていきました。

そこには、誰もいない岩場がありました。

私たちは近くに自転車を置くと、手近な岩に座り込み、何もしゃべらず、ただ海を眺めていました。海を見ているだけで満足でした。近くにある岩は海にせり出しているらしく、大きな波が来ると岩に開いた穴から水が高く噴き上がります。そんな様子を、私たちは飽きることなく眺め続けました。

旅というのは、どこに感動が待っているかわからないものです。ひたすら目的地へと急ぐ旅でなく、ときには自転車の速度で走ってみると、思いがけない景色に出合うことができます。

このツアーでわかったのが、「日本は案外、自転車での旅に向いている」ということでした。市街地の道路や大きな国道をうまく避けると、整備されているのにあまり使われていない道路がけっこうあるのです。きちんと調べて出かければ、快適なツーリングができるのではないかと思いました。

私のひとつの夢は、日本列島を自転車で縦断することです。これは、いつか必ず実現したい目標と言ったほうがよいかもしれません。

第6章

震災後の日本を世界に伝える

今、私にできること

二〇一一・三・一一
忘れられない日

人生で最大の揺れ、最大のショック

東日本大震災は、日本を変え、世界を変えました。私個人にとっても、「ジャパンガイド」にとっても、どんなに言葉を尽くしても表現できないほどの大きな出来事でした。

あの日、私は群馬県藤岡市のオフィスにいました。

藤岡は震度四でしたが、それは私がそれまでの人生で経験した、いちばん長くて強い揺れでした。スイスでは、地震はほとんどありません。スイスで暮らした二〇年間に、震度一くらいの揺れを三回経験したことがあるだけです。

日本に地震が多いことは以前から知っていました。「これほど火山の多い国なら地震があって当然だ」と、わりと理性的に理解し納得していたのです。

あの日も、私は大きな揺れに驚きながら、一方で冷静にこう考えていました。「群馬は、ほとんど地震のない県だから、おそらく震源は他の地域だろう。群馬がこれほど揺れているということは、震源近くは大変なことになっているに違いない」と。

一〜二秒の停電が回復すると、私はスタッフとともにテレビがある自宅の居間へ行きました。そこには信じられない映像が映し出されていました。自分が旅したことのある三陸沿岸の街が、建物が、津波にのまれています。あの衝撃は……多くの方が感じたのと同じ、声も出せないほどのショックでした。

しばらく画面に釘付けになっていた私は、一度オフィスに戻り、「ジャパンガイド」のサイトをチェックしました。すると、ものすごい数のアクセスが押し寄せていました。後に集計したところ、アクセス数は普段の二倍を軽く超えていました。

サイト内のフォーラムには、日本への旅行を企画していた人々からの質問があふれていました。三月〜四月は欧米の旅行シーズンで、日本への長期滞在を企画している人が多かったのです。「旅行はキャンセルしたほうがいいのか？」という質問に、私もすぐには答えることができませんでした。

飛び交う虚報に、使命感が高まる

それから数日は、夢中で正確な情報の収集に取り組みました。

「ジャパンガイド」の使命は、日本に関する正しい情報を、詳しく素早く世界に発信することです。けれど、当初は様々な情報が飛び交って、何が真実なのか私にもわかりませんでした。

私はインターネットで世界中のニュースを検索しました。そして驚き、あっけにとられました。海外のメディアは、センセーショナルな嘘のニュースを流すところがあまりに多かったのです。

「東京で巨大地震が起きた」
「日本中の道路も鉄道も全滅した」
「今、東京には誰もいない」等々。

中には花粉症でマスクをつけている人たちの写真に「放射能予防のために日本中の人がマスクをしている」という見出しを付けた新聞もありました。

個人的にいちばんショックだったのは、子どもの頃から読んでいたスイスの新聞がひどい記事を載せていたことでした。その記事を読むと、もう日本は放射能の被害で人が住めない国になったかのようでした。

冗談じゃない。私の中で、強い悲しみと怒りがわき上がってきました。

怒りは、行動の原動力となりました。今こそ正しい日本の状況を世界に伝えなければいけない。「ジャパンガイド」を通じて、可能な限り正確な情報を発信しよう。私はそう考えました。

そもそもほとんどの外国人は、東北とはどこなのか、福島と東京はどれくらい離れているのか、東京や京都はどこにあるのかすら知りません。私は「ジャパンガイド」のサイトに、津波や放射能の被害地図を掲載しました。電車の運行状況も、こまめに更新して伝えました。

難しかったのは、福島第一原子力発電所の事故についてです。放射能について、私は専門的な知識を持っていません。非常に深刻な状況であることはわかりました。けれど、実際にどれくらい危険で、どれくらい安全なのか。私は冷静で科学的な記事や解説を探しては読み、できるだけ客観的な情報を掲載していきました。

自分なりに調べるだけ調べ、考えるだけ考えた結果、旅行を予定している人からの質問には、「西日本の旅行はキャンセルする必要はない」と答えることにしました。「個人的に不安があるなら、無理して訪日することはない。けれど放射能も交通被害も、少なくとも京都や広島には関係ない」と、何度も書き込みました。日本に来ていたユーザーからは、「東京はいつもの通り。この時期に日本に来て逆に良かった！」という書き込みもありました。

スイス大使館から、帰国の誘いが来る

震災後間もなく、スイス大使館から「チャーター機を用意するので、スイスに帰りますか？家族も乗れますよ」という連絡が入りました。スイスの両親からも、心配する連絡が何度も入りました。

けれど私は、スイスへ帰ることなどまったく考えもしませんでした。なぜスイスへ行かなければいけないのか、帰る理由がありません。

それよりも、私は日本のために何かをしたいと思いました。幸い、私は「ジャパンガイド」というサイトを持っています。もともと「本当の日本を伝えたい」と始めたサイトです。その運営者としては、今、日本を離れてしまったら、これまで運営してきた意味がありません。日本は危険ではないとわかっていましたし、このいちばん大事なときに日本にいなくてはいけない、そして自分でレポートしなくては、と思いました。私がやるべきことが目の前にあるのに、それを投げ出すことなど考えたこともありませんでした。

震災からの数週間、私は使命感に燃えていました。寝る時間も惜しんで、最新の情報をサイトにアップし続けていました。

被災地を、自分の目で確かめ、伝えていくために

桜の開花情報は、「日本は大丈夫」のサイン

そのとき、私は少し悩んでいました。「ジャパンガイド」では三月から五月にかけて、日本各地の桜の開花状況をレポートするのが恒例です。この時期、海外からの旅行者がいちばん楽しみにしているのが桜なのです。

けれど、これほど大きな災害があった今年も、桜をレポートすべきなのか……。何千人もの方が亡くなり、何千人もの方が行方不明となり、数え切れないほどの人が家を失っているのに。

しかし、すぐに考えを変えました。この頃、世界で報道されていたのは日本の悲惨なシーンばかり。先に述べたように、海外メディアには、センセーショナルな嘘のニュースがかなり流

れていたので、そうではない、人々がふつうにお花見をしている光景もサイトに載せ、京都も東京も、他の都市も大丈夫ということを、世界中に見せたかったのです。

私はまず東京の桜の名所へ出かけました。

そこには、いつものように観光客がいて、お花見も行われていました。私はホッとして、そしてうれしくなりました。最初から思っていましたが、「日本は大丈夫だ」と再確認しました。それを世界に発信することが、「ジャパンガイド」のすべきことだと確信しました。

世界の皆さん、日本は大きな被害を受けたけれど、大丈夫ですよ。今年も桜が咲いて、人々は美しい花を楽しんでいますよ。この事実ほど、旅行を予定している人たちを安心させる情報はないでしょう。

私は例年と同じように、桜の開花情報をサイトにアップしていきました。

被災地に人が行くことよりも、人が行かなくなることが問題

桜前線は駆け足で北上します。

私はまず、仙台と松島へ行ってみることにしました。

観光は、国にとっても地域にとっても大切な産業です。被災地が復興するためにも、観光の力は絶対に必要です。被災地の観光施設は、今、どうなっているのか。観光なんて考えられな

い状況なのか、それとも一刻も早く観光客に来てほしい状況なのか。現時点で観光客はどこまで入っていけるのか。それを伝えるには、自分で現地へ行くしかありません。

四月の上旬、私はスタッフと三人で宮城県を訪問しました。まだ新幹線は止まっていましたので、特別な臨時列車で仙台まで行きました。地元に迷惑をかけないよう、自分たちが飲む水と非常食をバッグに詰めて。

仙台の市街地は、駅周辺や青葉城周辺には少し痕跡がありましたが、それ以外はほとんど変わらないように見えました。もちろん見えない部分にいろいろな被害やトラブルはあったと思いますが、街には人通りもあり、落ち着いた雰囲気でした。私たちは、とてもホッとしました。東北本線が仙台以北まで再開した日に足を延ばした松島は、かなりの被害を受けていました。それでも数多くある島々のおかげで、松島は津波の被害が比較的少ないほうだったと聞いています。地元の人たちは、早く観光を復活させたいと懸命に活動している様子でした。

正直に言うと、松島に行く直前まで、私は津波の被害がいちばんひどかった沿岸の地域へ行くことは考えていませんでした。私のような者が、この時期に被災地へ行ってよいのか。ボランティアではない、工事関係者でもない、地元の関係者でもない私たちが行ったら、地元の方々を不快にさせたり、邪魔になったりするのではないか。そのようなことがとても心配でした。

けれど松島に行ってみてわかりました。人が来ることは問題ではないのです。それよりも、将来的に人が来なくなってしまうことのほうが大きな問題なのです。

　このときは、私も心の準備ができていなかったのですが、実際にこの目で現地を見たことで、「ジャパンガイド」は被災地の状況を伝えるべきだ、という自信を持ちました。そして、今見ておかなければならない、これからの復興の様子もずっと伝えていきたいと思いました。

瓦礫に覆われた石巻で見た、美しく悲しい桜

四月の下旬には、妻も加えた三人で、石巻へ赴きました。

最初に向かった石巻駅の周辺は、津波の爪跡が生々しく残っていました。

そこから海沿いのエリアに向かった私たちは、言葉を失いました。

街が、なくなっていました。

荒涼とした瓦礫の原が、薄曇りの空の下に広がっていました。テレビでは何度も見た光景でしたが、いざ目の前にしてみると、ただただ息を呑むしかありません。私たちは誰もひとことも話すことができませんでした。

次に、街全体が見える日和山公園へ行きました。

高台の公園では、ちょうど満開となった桜が私たちを出迎えてくれました。一面の桜の下に広がる、痛ましい光景。なんというコントラストなのか……。

みんな寡黙になり、ただ写真ばかり撮っていました。けれど、あんな震災が起きても春は来るし、こうして桜は咲くのです。難を逃れた人たちは、必死で暮らしを取り戻そうとしています。

私は、これを伝えなければいけない。改めてそう思いました。

東北の復興を、世界に伝え続けること

石巻のあと、南三陸、気仙沼、陸前高田、釜石、宮古などを訪問しました。その被害状況は、今さら私が申し上げることでもありません。

その前後、私たちは日光、会津若松、平泉にも行きました。

どこも目に見える被害はほとんどなかったかわりに、観光客の姿も少なかったのですが、ま

■石巻日和山公園の桜。二〇一一年四月撮影。

ったくいないわけではありませんでした。会津若松の鶴ヶ城には、桜がまだつぼみなのにもかかわらず、小学生のグループや何人もの観光客が訪れていました。

鶴ヶ城は、私の大好きな城のひとつです。あの地震に耐え、崩れなかったことに安心しつつ、私は福島県の観光の未来をサポートしようというモチベーションを強く感じていました。

行く前に、私は「半年ごとに被災地を訪れて、定点観測の形でサイトにアップしよう」と決意しました。「今、東北はどうなっているのか」という正しい情報を伝えなければいけない。伝え続けることが重要です。中でも三陸海岸の情報を、できるだけ多く、積極的に伝えていこうと、私は決めました。

今も春と秋には東北をめぐり、レポートを続けています。その成果でしょうか、「石巻へ行ってみたい」という外国人旅行者の声も、「ジャパンガイド」のフォーラムに寄せられるようになりました。三陸の町々は、私にとっても特別な存在となりました。

いろいろな意見があるかもしれませんが、私は世界中の人に、被害の爪痕も含めて今の東北を見てほしいと思います。

被災地に「ジャパンガイド」ができることを考える

私がいちばん気にかけているのは、福島です。

福島へは、二〇一一年から二〇一二年にかけて九回訪れました。「ジャパンガイド」のサイト内に、福島の観光地を紹介するコーナーを設け、磐梯山やスパリゾートハワイアンズなど、海外にはあまり知られていない観光地も紹介し続けています。福島をチェルノブイリと重ね合わせた報道が海外にはあふれていて、「決してそんなことはない」と伝えたかったのです。

私がショックだったのは、欧米でいちばんポピュラーな旅行ガイドブック『ロンリープラネット』の日本編で、震災後に発行された本から岩手・宮城・福島の三県に関する情報がまったくなくなったことです。世界遺産の平泉すら、紹介されていませんでした。

おそらく調査員の派遣ができず、現地の状況を確認できないので掲載しないことにしたのだと思いますが、私はまるで日本地図から東北が消えてしまったような悔しさを感じました。

そんなこともあって、東北の情報を増やしていくことは、「ジャパンガイド」の重要な仕事のひとつだと思っています。

遠野や花巻、鳴子など、東北には魅力的な土地がたくさんあります。手始めに三陸の観光ガイドページを作成しましたが、これからさらに情報を充実させていくつもりです。

「ジャパンガイド」の東北情報へのアクセス数は、松島以外は震災以前の数まで戻りました。しかし「東北は危ないから行ってはいけない」と思っている人は、世界中にまだたくさんいます。私は、日本に対する誤解は可能な限りなくしていきたいと思っています。しばらくは東北に、福島に、こだわり続けていこうと思います。

二人の外国人女性が日本を旅した We Love Japan Tour

震災後の日本を世界に伝えた、もうひとりのスイス人

二〇一三年、「ジャパンガイド」は、二人の外国人が日本の北側と南側から旅を始めて、日々の体験をブログにアップしながら、最後は真ん中の新潟県糸魚川市で合流するという「We Love Japan Tour」を開催しました。

このツアーの元になったのは、震災直後に日本を歩いて旅したトーマス・コーラというスイス人の行動です。

トーマスも日本が大好きな四〇代のスイス人です。チューリヒの旅行会社に勤めていた彼は、私と同じように、海外のメディアが流す誤ったニュースを見て、衝撃を受けます。

そこで彼が取った行動は、日本全国を歩いて旅して、本当の日本の様子を実況中継のように

ブログで発信する、ということでした。

トーマスは北海道から九州まで、五カ月かけて日本を縦断し、自身のブログで「日本は大丈夫だ」と発信したのです。

当初、私は彼のことを知りませんでした。ある日、スイスの父からメールがあり、「こんなスイス人が日本にいるぞ」と聞いて、それから彼のブログをずっとチェックし続けました。同じスイス人としても、観光に携わる者としても、彼の行動は本当にうれしく感じました。

私はトーマスと連絡を取りたいと思っていましたが、彼はまだ旅行中ですし、私自身も震災後の嵐のような日々の中で、なかなかコンタクトが取れませんでした。

トーマスが日本の半分ほどを歩き終えた頃、彼の旅をサポートしていたロルフ・ミュラーという日本在住のスイス人から連絡が来ました。ロルフもまた日本が大好きで、奥さんは日本人です。神奈川在住ですが、奥さんの故郷である糸魚川市にも居を構えて、「糸魚川世界ジオパーク」のアドバイザーをしています。日本を海外に紹介するウェブサイトを作っているスイス人がいると知って、いつか一緒に何かやりたいと、私にコンタクトを取ってきてくれたのです。

トーマスが徒歩での日本縦断をなし遂げたあと、日本を心から愛する三人のスイス人が東京で顔を合わせました。私たちは日本酒を飲みながら、時間を忘れて語り合ったのです。そしてその場で、「トーマスがやった日本縦断を、ぜひ続けようじゃないか」という話になりました。

「We Love Japan Tour」の企画が、動き出しました。

旅人は、カロリーナとレイナに決定

何度かの打ち合わせの結果、ロルフが企画全体の監修を担当し、「ジャパンガイド」の広告代理店であるエクスポート・ジャパン社が、スポンサー探しと旅人が立ち寄る自治体への連絡などを請け負ってくれることになりました。私は旅人となる二人のブロガーを探すことと、南北の旅のルート設定、そしてウェブサイト作りを引き受けました。

まずはとにかく旅人を決めなければなりません。「ジャパンガイド」のサイトで募集すると、短期間の告知ながら世界中から約百名の応募がありました。過去の旅の経験やブログの文章力などから選考した結果、旅人は二人とも女性になりました。フィンランド出身でその頃はスイスに住んでいた（偶然です）カロリーナ・タッツミブオリと、日本で暮らしたこともあるシンガポール出身のレイナ・オンです。

旅人が決まったら、今度はツアーの概要と南北ルート&ウォーキングイベントを行う場所の詳細が書かれたページの作成です。これがないとイベント参加者を募集できませんし、スポンサー探しも困難になります。大急ぎで作り上げ、「ジャパンガイド」のサイト内に日英両言語で掲載しました。

猛スピードで準備を整え、いよいよ旅がスタート

準備はとても大変でした。これをビジネスとして成立させるつもりはなかったので、純粋に楽しみとして取り組みましたが、やはりいろいろな場面で予算の制約はついて回りました。様々な事情が重なり、準備期間が半年しか取れなかったのも、つらいことでした。私も「ジャパンガイド」のスタッフも、一時期、他の業務を後回しにしてこの企画にかかり切りになりました。

それでも、なんとかすべての準備を整え、二〇一三年一〇月、カロリーナは北の宗谷岬から、レイナは南の佐多岬から、一カ月にわたる旅が予定通りにスタートしました。

移動手段は主にレンタカーですが、途中の観光地（各一六カ所）では数時間のウォーキングイベントを行います。これには一般の人が自由に参加できます。そして、イベントがある日もない日（移動日）も毎日ブログをアップし、「ジャパンガイド」のサイトに掲載していきました。

記念すべきスタートの日のレイナのブログです。

「南ルートの一日目は、佐多岬から始まりました。九州の最南端である佐多岬は、トーマ

ス・コーラの五ケ月の旅の終着点であり、私の出発点となりました。岬に向かう途中、私はトーマスが歩いた道のりがどれほど大変だったかを想像しました（私はその道を車で移動しましたが）。おそらく、彼は桜島の火山灰を顔に被りながら、急な坂を上り、曲がりくねった道を歩いたのだと思います。しかし、地元の方の温かさと果てしなく続く絶景が、そんな苦労も払拭してくれたことでしょう。トーマスさん、尊敬してます！」

「ジャパンガイド」を見て、多くの人々が駆けつけてくれる

二人が英語でアップしたブログは日本語にも翻訳され、一日遅れでサイトに掲載されました。そのため、ブログを見て二人が旅している現地に駆けつけてくれた日本の方もたくさんいました。

中には海外から参加してくれた人もいます。「ジャパンガイド」のユーザーで、仕事で中国に勤務しているドイツ人一家が、サイトでこのツアーのことを知り、その日程に合わせて来日してくれました。赤ちゃんを連れて、三カ所でウォーキングに参加してくれたのには、スタッフ一同大感激でした。

ブロガーの二人は行く先々で大歓迎を受けました。ＮＨＫも密着取材をしてくれて、スイス大使館で行われたオープニングセレモニーや、糸魚川世界ジオパークでのゴールの瞬間も撮影

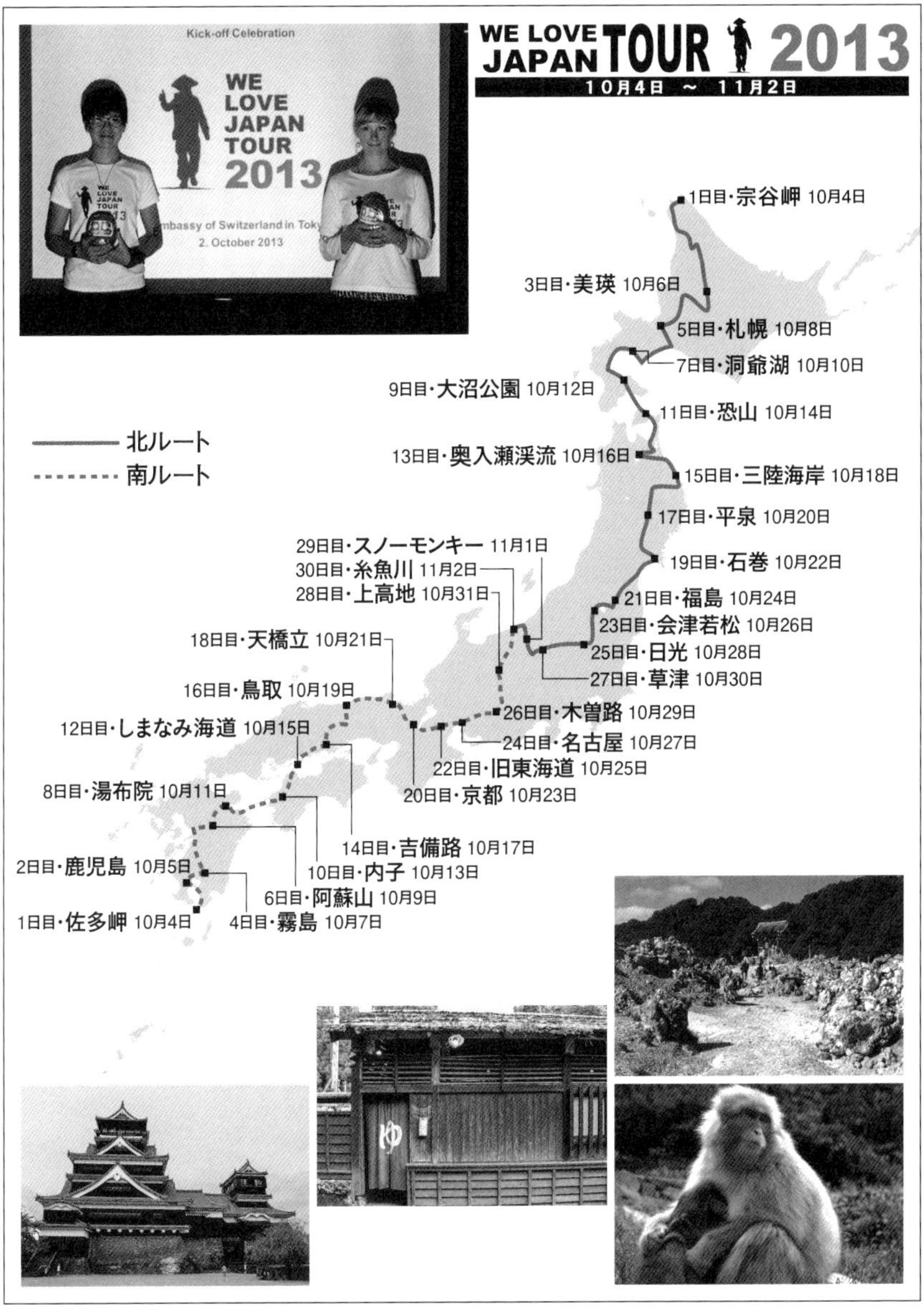

■We Love Japan Tour の北ルートと南ルート。

され、総合テレビのニュース番組で取り上げられました。

カロリーナは、被災地も歩きました。海外のメディアが伝えない、本当の被害状況と復興の様子を目にした彼女は、「素晴らしい経験になりました」と語っていました。

糸魚川でゴールした日、彼女は最終日のブログをこう書いています。

「この一ヶ月間に、私は本当に多くの人とお会いし、それと同じ数の美味しい食事を頂き、それよりもたくさんの素晴らしいお話を伺いました。三陸海岸でお会いした浄土ヶ浜や石巻の人々のことは、ずっと私の心に残ることでしょう。そして再び彼らを訪ねて、彼らのその後や、その時にはどんなことをなし遂げているのかを見るのが楽しみです。」

次回二〇一五年には、もっと日本の魅力を広く深く伝えたい

「We Love Japan Tour」は、ありのままの日本の姿を世界に伝えるための、ひとつの新しい試みでした。反省点もありましたが、このイベントは継続させることに意味があると思います。ロルフとエクスポート・ジャパン社とは、「今後は二年ごとに開催していこう」と話をしています。次回の二〇一五年は、しっかりと準備期間を取って、もっと日本の魅力を伝えられるものにしたいと思います。

今回の経験を通して、とても勉強になったことがひとつあります。

日本の人は本当に真面目なので、たとえば市区町村に「外国人の女性が訪問します」と事前にひとこと伝えると、地域の方々が旅人を完璧に案内しようとあれこれ準備をしてくださるのです。本当にありがたかったですし、ガイドの方の説明があったことでわかりやすく理解できた場所もありました。

ただ朝から夕方まで分刻みでスケジュールが入ってしまうと、旅人が自力でチャレンジする部分が少なくなってしまいます。ご協力いただいた地域のみなさんへの感謝の気持ちはもちろんですが、次回はお願いしたい範囲をもっとはっきり伝えたほうがいいということも学びました。

自力の旅にはハプニングもあるかもしれませんが、それも旅の面白さでしょう。

「旅を通して、日本をもっと大好きに」

ハプニングといえば、天候には泣かされました。特に南ルートは、何度もウォーキングが中止になりました。

一〇月一五日、九州から四国を経て尾道に渡ったレイナのブログです。

「台風のせいでまたもやウォーキングはキャンセルに。天候が原因でウォーキングがキャンセルになったのは三回。おかげさまで尾道は東京や東北・北海道ほどは雨や風のひどい影響は受けませんでしたが。ここ数日テレビで見ていたのはいろいろな台風レポートと最新情報ばかり。カロリーナは無事でありますように！」

私も大変でした。毎日頻繁に天気予報をチェックして、天候が悪化する日のウォーキングを中止するかどうかの判断をし、いち早くサイトで告知しなければなりません。取材中や移動中もいつもチェックしていたので、気の休まるときがありませんでした。

ちなみにレイナはこのイベントが縁で、後に「ジャパンガイド」の社員となりました。初仕事は、二〇一四年三月にオープンした日本一の超高層ビル、あべのハルカスのレポートでした。

カロリーナの最後のブログを紹介して、この章を終わりたいと思います。彼女が見て感じた「本当の日本の姿」が、世界の多くの人たちに届いたなら、それだけでもこのイベントを行った価値はあったと思っています。

「今回の旅を通して、私は日本が安全だと思ったでしょうか？　確かに、私は五回も地震にあいました。運転している時にも、七月三日の真夜中にも。そして台風、足首のねん挫、宗谷岬のシベリアから吹く風がもたらす、まとわりつくような寒さも経験しました。でも、私はトヨタの小さなレンタカーで三〇〇〇キロを一人で旅したのです。慣れない道路の左側を運転し、活火山に登ったり、そこで宿泊もしました。津波の被害にあった地域を旅し、とても美しい福島県も訪れました。でも私に起こった最悪のことといえば、ちょっと気を抜いて足首をねん挫してしまったことくらいです。そう、はっきりと断言できます。日本は素晴らしくて、温かくて安全な国です。あなたが困っていたら、日本の人たちはいつでもわざわざ助けに来てくれます。実際にそうでした。私が道に迷わないように、私の車の前を二〇分も運転してくださったり、私の足首用の包帯を家まで取りに帰って下さった方もいました。

これらのことが、私が日本を安全だと思う、たくさんある理由の中のいくつかです。私は日本が大好きです！」

※「We Love Japan Tour」の日本語ブログアドレス　www.japan-guide.com/tour/j/

第7章

「これから」を訪ねる

「もっと素晴らしい日本」へ

「行ってみたい街」を どう生み出し、守り、育てるか

各地で増える「観光の視点を取り入れた街づくり」

日本各地の観光地を訪問する外国人旅行客たちからは、ときどき「日本の観光地はシティプランニングがあまり行われないまま街づくりが進められてきたようだ」という声が聞かれます。

どういうことかというと、外国人観光客の間では「日本の観光地では写真を撮ると、必ず何か撮りたくないものが写り込む。それを入れずに撮れたら、それがベストショットだ」と言われているのです。その「撮りたくないもの」のトップ3は、工事現場などにある赤いコーン、電信柱と電線、そして看板です。たとえば京都は、私も大好きな素晴らしい街です。立派な寺院のそばに派手な看板や広告があったりするとガッカリしましたが、現在は景観条例によりかなり改善されています。それから、なぜか日本の観光地には、無造作に赤い三角コーンが置か

れていることが多いです。立ち入り禁止を示しているのはわかりますが、できれば風情ある風景の中で赤いコーンは見たくないものです。

私は、これらのことが残念でなりません。少しの工夫や取り組み次第で、日本の街はさらに魅力的になるはずです。

今、日本各地で観光を強く意識した街づくりを進める場所が増えています。たとえば同じ京都でも、産寧坂《さんねいざか》周辺では、二〇一一年に電信柱の撤去が行われました。これは素晴らしい試みだと思います。一〇年前の写真と今を見比べる機会がありましたが、明らかに今のほうが魅力的で、「訪れたくなる街」となっています。

五章でもお話ししたように、草津では湯畑の周辺を整備して木造の共同温泉浴場を建設しました。草津町の町長さんが「あえて不便につくりました」とおっしゃっているように、昔のま

■電信柱が撤去された京都・産寧坂。

んまのお風呂で、これが大きな評判を呼んでいます。草津の町づくりは正しい方向に進んでおり、年々湯畑周辺の雰囲気が良くなっていくので、本当にうれしいです。

不便といえば、中山道の宿場町・妻籠宿は、メインの通りを一〇時から一六時まで自動車通行禁止にしています。そのため、通りに面した家々では、自宅に車を横付けできません。そういう不便を受け入れるという決断を、妻籠の方々は下したのでしょう。英断だと思います。観光業は、その地域にとって、また日本全体にとってもたいへん大きな経済効果のある産業だけに、地元の人々の生活と観光のバランスをどう取るべきかは、とても難しい課題だと思います。

これから求められるのは、飛行機や新幹線を降りたあとの交通情報

二〇〇八年から、私は国土交通省が主導する「VISIT　JAPAN（VJ）大使」を務めています。

これは、海外からの観光客を増やすために、有識者の提言を聞くという取り組みです。第一期のメンバーには、大手鉄道会社の社長や有名温泉地の代表者など観光のプロに加え、ファッションデザイナーのコシノジュンコさんなどの著名人もいらっしゃいます。ですから第二期に指名されたときには、「私でいいのですか？」と、とまどいました。それでも非常に光栄なことですので、喜んでお受けしました。

VJ大使の役割は、基本的には「今の仕事の中で、海外からの観光客を増やすために尽力する」ということです。それに加えて、年に数回、ミーティングやシンポジウムが行われています。

私に求められているのは、長きにわたって外国人旅行者の動向を見続けてきたプロとしての立場から意見を述べること、「ジャパンガイド」のサイトを通じて届けられる旅行者たちのナマの声を、他の大使や国土交通省の方々に伝えることだと思っています。

外国人観光客からの質問で多いのは、交通に関することです。質問が多いということは、情報が足りていないということだと思います。飛行機や新幹線など、観光拠点都市へ行くための第一次交通手段については、すでに十分な情報がありますが、そこから先のバスに関しては、外国語の情報が少ないのです。

鉄道と連動しないバスの不思議

日本の公共交通で私が昔から疑問なのは、「なぜ駅前を発着するバスの運行時刻が、鉄道と連動していないのか？」ということです。それは私が、鉄道とバスが必ず連動しているスイスで生まれ育ったからかもしれません。

スイスでは、駅を出るとバスは必ず待っています。数分前に出発してしまったとか、次のバスまで長時間待つということは、基本的にありません。ですから旅をする際に、バスの時刻を気にする必要がないのです。

けれど日本では、不思議なくらいバラバラですよね。地方のバス路線の場合、ウェブ上に時刻表の情報を掲載していても、日本語だけというサイトがほとんどです。旅好きな日本人の友人は、「ローカルなバスの時刻を調べるのは大変。しかもいつの間にか変更されていたり、ときには廃線になっていたりするからスリリングだ」と笑っていました。

日本人でさえ苦労するのですから、海外からの旅行者がバスの時刻まで事前に調べることはとても難しいです。

もちろん、ローカルバスを乗りこなして旅する外国人はめったにいませんから、今はまだ大きな問題にはなっていません。けれど、海外からの観光客は、二〇一三年に「ビジット・ジャパン・キャンペーン」の目標でもあった年間一〇〇〇万人を突破しました。二〇二〇年の東京オリンピックに向けての盛り上がりを考えると、「飛行機を降りたあと」「新幹線を降りたあと」の交通情報を外国人旅行者にどう届けるかは、いずれ取り組まなければならない課題だと思います。

改善が待たれる京都のバス

バスというと、どうしてもまた京都について触れざるを得ません。京都は私の大好きな場所なので、だからこそとても残念に思うのです。

地下鉄が網の目のように走っている東京や大阪と違い、京都での観光はバスに頼る部分が大きいです。しかしこのバスが……。

まだ京都の交通事情をよく知らなかった頃、桜を取材した帰りにバスに乗った私は、夕方のラッシュアワー近くに、市内で大渋滞に巻き込まれてしまいました。そのとき、わずか数百メートル進むのに四〇～五〇分かかるという経験をしました。しかもバスは観光客で満員です。

「ジャパンガイド」に寄せられる京都への不満の意見でいちばん多いのが、交通の便の悪さです。バスは車体が小さめで本数が少なく、特に桜や紅葉の季節には、私の経験したような渋滞が毎年のように繰り返されています。ですから「ジャパンガイド」では、「できるだけ地下鉄や鉄道を使い、あとは歩くように」とすすめています。

多彩な割引チケットにうれしい悲鳴

以前から、各地の私鉄は様々なパスを発売していて、鉄道好きの私でも最近は全部把握しきれないくらい複雑になってきました。選択肢が増えるのはとても良いことですが、「ジャパンガイド」には「自分はこんなスケジュールでこのエリアを回りたいのだが、どのようなチケットを買えばよいのだろうか？」と悩む声が寄せられます。

ＪＲが外国人旅行者向けに発売しているジャパンレールパスという乗り放題パスは、昔からの定番です。そのＪＲを降りた先が問題になります。「ジャパンガイド」のクエスチョン・フォーラムでは、個々のケースに細かく対応してアドバイスをしています。

「ジャパンガイド」としては、よりきめ細かな「モデルコース」とパスの選び方を説明するページを作成することが重要になってきていると感じています。特に関西は複数の会社からたくさんのパスが発行されているため、どれが便利か、どういう組み合わせがお得かなどの情報を盛り込み、わかりやすいページを作りたいと思っています。

ヨーロッパからの旅行者は、平均すると日本に二〜三週間滞在します。北米からの旅行者は二週間、アジアからだと五日間〜一週間です。滞在期間が長ければ回れる場所も増えますが、予算に注意する必要があります。

私は学生時代にコンピュータサイエンスを学びましたので、究極的には、こうした個人ごとの要望に合わせて最適なプランを導き出すサーチエンジンがつくれないかという夢を持っています。期間や予算、興味、ぜひ訪れたい場所などを入力すると、いくつかのコースが提示されるのです。

それにはかなり複雑な作業が必要ですので、まだ夢の夢ではありますが。

観光地が直面する「課題のステージ」

私は、外国人観光客を受け入れた場合に多くの観光地が直面する「課題のステージ」があるように思います。

第一ステージは、外国人に来てほしい、来てくれてうれしい、という段階です。ここでは、とにかく来てもらうことに力が注がれます。英語のパンフレットを作ったりして、歓迎していることをアピールします。

第二ステージは、衝突の段階です。様々な文化・慣習を持った人がやってくれば、トラブルが発生します。今、この段階にある観光地が多いのではないでしょうか。

たとえば、野生の猿が温泉に入ることで有名な長野県の地獄谷野猿公苑は、日本人にも外国人にも人気の観光地です。かなり奥まった山の中にあるのですが、近年は山間に自動車が殺到して困っていると聞きます。秋田県の乳頭温泉も外国人観光客が急増して、入浴マナーなどでトラブルが増えているそうです。

観光客に来てもらったのはいいけれど、対応が追いつかない。これは外国人観光客に限った話ではなく、たとえば入山者が急増している富士山も同じです。ただ、相手が外国人だと、言葉や考え方の違いがあるので、誤解が生まれやすいということもついてまわります。

これを克服した先が、第三ステージです。受け入れルールやシステムが整備された段階です。二〇二〇年に向けて、できるだけ多くの観光地がこの段階に到達できれば素晴らしいと思います。

しかし、課題に終わりはありません。「海外からの観光客年間一〇〇〇万人」という目標が達成され、そこからさらに見えてきた課題が数多くあると私は感じています。交通の問題もそうです。異なる宗教を信仰する人たちへの対応もそうです。そのほか、今は見えていない課題も次々と現れてくることでしょう。私自身も「ジャパンガイド」も、さらに努力を続けないといけません。

良い旅の、良きガイドとして、目指すこと

ぜひ欲しい、英語で予約できるサイト

今後はインターネットから英語で電車やイベントチケットなどの予約ができるようになるといいいと思います。日本への旅行を準備する際に、みんなインターネットを利用しているからです。

いちばん欲しいのは、電車の指定席の予約ができる英語のサイトです。現状ではＪＲ東日本の新幹線と一部の特急の予約ができますが、それ以外はほとんどできないのです。特に作ってほしいのは東海道新幹線です。最も需要が多いですから。

できれば他の交通機関、たとえば私鉄、バス、フェリーなども英語予約サイトがあれば便利だろうと思いますが、地方では外国人旅行者の需要がない交通機関もありますので、それは無

くても仕方ありません。しかし、全国の主要な交通機関、都市や観光地の交通機関に関しては、海外から英語で予約できるサイトがあったら素晴らしいと思います。

有名観光地で言えば、あの東京スカイツリーですら、海外から予約ができません。なぜならチケットの購入には、外国で発行されたクレジットカードが使えないからです。ご存知のように、東京スカイツリーは開業から五〇日間は予約でしかチケットを買えませんでした。当日券はまだ販売されていなかったのです。つまり、その期間はほとんどの外国人観光客が行きたくても行けない状態でした。

当時、このことを知ったときはびっくりしました。外国人観光客を誘致するキャンペーンを行なっている時代に、東京に新しくオープンしたメジャーアトラクションで、外国人が予約できる英語のシステムがないことに本当に驚きました。

今は当日券がありますので、外国人観光客でも展望デッキまで上れるようになりましたが、いまだにサイトで事前予約することはできません。英語の案内ページはあっても予約ページはなく、「日本で発行されたクレジットカードしか使えません」と書かれています（二〇一四年六月現在）。

交通機関や観光名所などのチケットも、二〇二〇年の東京オリンピックまでには、このような点が改善されていたらいいと思っています。

外国語のガイドツールが増えると、状況は変わる

「ジャパンガイド」がサイトで観光地を紹介するとき、その説明文に入れるのは、「英語のパンフレットはあるか」「英語の説明表示はあるか」「英語のガイドツアーはあるか」という点です。

外国人観光客が多く訪れる有名観光地のほとんどは英語の表示が併設されています。特に東京など都市部の交通標識や鉄道の表示は、どんどん改良されていて、とてもわかりやすくなっています。京都の観光案内所などで入手できる英語版の観光マップは、昔から本当に素晴らしいと感じています。

一方で、もう少し改善すればもっと良くなるのに、と感じる場合もあります。

たとえば北海道の知床国立公園は、世界遺産に登録されて観光客が増えたことにより、知床五湖を見学するシステムが大きく変わりました。クマが生息するエリアなので、夏の時期に遊歩道を歩いて見学を希望する観光客は、事前レクチャーを受けたうえでガイドツアーに参加しなければなりません。個人で行ってはいけないのです。

私が訪問した二年前には、外国語のパンフレットは用意されていましたが、外国語によるツアーはありませんでした。これは、とてももったいないことだと思いました。説明がわからな

くても、あの美しい風景だけで十分に楽しめるとも言えますが、もし言葉がわかったなら、楽しさはさらに広がったと思います。外国語のツアーはやはりあったほうがよいと思います。

外国人アドバイザーによって、地元の魅力はもっと伝わる

私は日本の歴史や仏教などについて少しずつ勉強しています。知識を持っていると、観光の楽しさが違ってきます。

良きガイドがいれば、日本人からすると「何もない街」でも、訪れる価値のある場所になることがあります。

和歌山県田辺市の熊野ツーリズムビューローでは、カナダ人のブラッド・トウルさんが、プロモーション事業部長として長年にわたり地元の観光のためにがんばっています。彼が来たことで、英語のホームページや資料が充実してきました。彼は旅館や土産物店に出向き、どこにどのような英語の表示をつければ外国人観光客は困らないかなどのアドバイスを積極的に行いました。さらに宿泊施設のために、外国人客と指さし会話ができるマニュアルも作成しました。ミシュランの『グリーンガイド・ジャポン』で、熊野古道は三つ星を獲得していますが、その陰には、熊野という土地の魅力だけでなく、こうした地道な取り組みがあったからだと私は思います。

長野県の戸倉上山田温泉にも、そんな外国人がいます。亀清《かめせい》旅館で若旦那を務めるタイラー・リンチさんです。二〇〇五年に奥さんの実家である温泉旅館を継ぐべく、結婚して一〇年住んでいた生まれ故郷のシアトルから引っ越してきました。旅館の仕事をこなしながら、地元の人たちとも幅広く交流し、温泉街を活性化させて、外国人観光客を呼び寄せるための活動にも取り組んでいます。

高野山の無量光院《むりょうこういん》という宿坊には、クルト・キュブリさんというスイス人僧侶がいます。高野山は、外国人観光客にも人気です。特に宿坊体験は、「ジャパンガイド」の調査でも非常に満足度が高くなっています。お寺に泊まり、精進料理を食べ、お勤めに参加するだけでも、もちろん素晴らしい経験になるでしょう。しかし、さらに高野山、真言宗、弘法大師について直接英語で話してもらえると、旅の味わいがぐっと深まります。

日本には、魅力的な土地、人、ものがたくさんあります。しかしそれらはまだ十分に世界に伝わっていないと、私は思います。「ジャパンガイド」は、その名の通り、ありのままの日本の姿を世界に紹介する「良きガイド」でありたいと思います。

おわりに

「日本について思っていること、感じていることを、本にしませんか」

そんなお話をいただいた当初は、まだ少し迷っていました。しかし、サイト運営者として外国人観光客の動向を伝えたり、意見をシェアすることが多かった私にとって、〝自分が好きな日本〟〝感動した体験〟についてお話しできる機会はたいへん貴重であることに気づき、お引き受けすることにしました。

しかし、いざ思い出そうとすると、自分でもびっくりするほどかつての新鮮な驚きを忘れていました。日本の生活に慣れてしまったこと、仕事で数多くの観光地を何度も訪れていることで、私自身の感覚がいろいろなことを「当たり前だ」と感じるようになっているようで、この本に取り組んでそのことを改めて自覚し、何度苦笑いしたかわかりません。

そんな私の記憶を掘り起こし、私の断片的な話をまとめあげてくれたSさん＝ライターの篠塚義成さんには、心から感謝いたします。また私が忘れていたエピソードをしっかりと覚えていて、ときには私の代わりに語ってくれた妻にもお礼を言いたいと思います。言うまでもなく、日本語で文章を書くことのできない私ひとりでは、この本を作り上げることは絶対にできませんでした。そして、「ジャパンガイド」に関心を持ってくださり、「外国人である私の視点から」という部分にこだわって企画を進めてくださった大和書房の長谷部智恵さんに、心より御礼申し上げます。

各観光地や祭り、風習、食べ物などに対する記述の中には、地元の方々から見たら的外れなものもあるかもしれません。日本を愛するが故に、きつい言い方になっている部分もあるかと思います。特に被災地については、私などが何かを語ってよいのか、というためらいもあります。

それでも、日々多くの外国人の意見に接している者として、できるだけ率直な思いをお話ししました。日本をそのように見ている外国人もいるのだと、広い心で受け止めていただければ幸いです。

「ジャパンガイド」のサイトは、まだ未熟です。私自身も、もっと日本のことを勉強しなければと感じています。これからも努力を続け、日本を正確に世界に発信し続けたいと思います。

私の仕事が日本という素晴らしい国のためになれば、こんなにうれしいことはありません。

最後に、これまで私が訪れた日本全国の皆さんに、心から感謝します。

日本は、どこも本当に素敵です。皆さん、どうぞ自信を持って、地元の良さを発信してください。

最後までお読みいただき、本当にありがとうございました。

二〇一四年六月

ステファン・シャウエッカー

外国人《がいこくじん》だけが知《し》っている美《うつく》しい日本《にほん》
スイス人《じん》の私《わたし》が愛《あい》する人《ひと》と街《まち》と自然《しぜん》

2014年 7 月30日 第一刷発行
2015年 4 月10日 第七刷発行

著　者――――ステファン・シャウエッカー
発行者――――佐 藤 靖
発行所――――大和《だいわ》書房
東京都文京区関口 1-33-4 電話　03-3203-4511
編集協力――――篠塚義成
ブックデザイン――盛川和洋
カバー・本文写真――ジャパンガイド
本文印刷――――信毎書籍印刷
カバー印刷――――歩プロセス
製本所――――小泉製本

ISBN978-4-479-39262-0
乱丁・落丁本はお取替えいたします
http://www.daiwashobo.co.jp